Frère • Die 24 Stunden von Le Mans

Paul Frère

Die 24 Stunden von Le Mans

Die Geschichte des härtesten Langstreckenrennens der Welt

Motor buch Verlag

Einbandgestaltung: Luis dos Santos unter der Verwendung von Fotos der Dr. Ing. h.c.F. Porsche AG (vorne) und Ford Motor Co. (hinten).

Die Originalausgabe ist erschienen bei Edition Arts & Voyages Lucien De Meyer, Brüssel, unter dem Titel »Les 800 heures du Mans«,

Die Übertragung ins Deutsche besorgte Johannes Eckmann.

ISBN: 978-3-613-04591-0

1. Auflage 2023

Sie finden uns im Internet unter www.motorbuch-verlag.de

Druck und Bindung: Graspo CZ, 76302 Zlin
Printed in Czech Republic

INHALTSVERZEICHNIS

EIN VÖLLIG NEUARTIGES RENNEN

Im ersten 24-Stunden-Rennen von Le Mans 1923 siegten André Lagache und René Léonard auf einem 3 Liter-Chenard et Walcker mit einem Schnitt von 92 km/h. 1967 gewannen Dan Gurney und A. J. Foyt mit einem 7 Liter-Ford und einem Schnitt von 218 km/h. Nichts könnte den Fortschritt in weniger als einem halben Jahrhundert Automobilbau besser veranschaulichen als dieser Vergleich. Natürlich wäre der Chenard et Walcker von 1923 auf der heutigen Strecke auch schneller als auf den nicht einmal geteerten Straßen von damals. Gehört aber die Streckenverbesserung nicht auch zum Fortschritt im Automobilwesen?

1923 verlief die Strecke anders als heute: statt durch die große Rechtskurve nach den Tribünen und über eine Privatstraße und die »S-Kurve« nach »Tertre Rouge« fuhren die Wagen damals in Richtung Le Mans weiter. Dort stießen sie in einer Spitzkehre, der »Pontlieue«-Kurve (genannt nach einem Vorort), wieder auf die Straße nach Tours. Der gerade Streckenabschnitt, der zur »Mulsanne«-Kurve führt, war also noch erheblich länger als heute. Die Gesamtlänge der Strecke betrug damals 17,262 km, heute nur 13,461 km.

Besonders Genaue werden nun darauf verweisen, daß der Vergleich der Durchschnittsgeschwindigkeiten von 1923 und 1967 wertlos sei; 1923 wurden tatsächlich nur solche Wagen zum Start zugelassen, die man auch kaufen konnte, während der Ford, der den gegenwärtigen Rekord hält, ein nur für Rennen gebauter Prototyp ist. Ihnen möchte ich entgegenhalten, daß 1965 ein fast serienmäßiges Ferrari 275 GT-B Coupé, von dem jährlich 250 bis 300 Stück gebaut und verkauft werden, mit den Fahrern Willy Mairesse und Jean Beurlys einen Schnitt von 190 km/h erreichte. Der Ferrari hatte mit 3,3 Liter nur zehn Prozent mehr Hubraum als der Chenard et Walcker von 1923.
Auch die Entwicklung des Rundenrekordes ist sehr eindrucksvoll. 1923 stellte ihn John Duff auf einem 3 Liter-Bentley mit 107,3 km/h Schnitt auf, während 1967 für Andretti und Hulme, beide auf einem 7 Liter-Ford, offiziell 238 km/h gemessen wurden. Dagegen erwiesen sich die Wagen von 1923 trotz ihrer biederen Linien doch viel standfester als die heutigen. Von den 33 Wagen, die – seither eine feste Tradition – am Samstag um 16 Uhr erstmals starteten, überfuhren immerhin 30 die Ziellinie des 24-Stunden-Rennens aus eigener Kraft, wie es das Reglement forderte. Dabei schaffte der Letzte – ein S.A.R.A. mit 1100 ccm Hubraum – insgesamt aber nur 908 km, was dem sehr mäßigen Durchschnitt von 41 km/h entspricht. Im nächsten Jahr, als das Reglement eine im Verhältnis zum Hubraum festgelegte Mindestdistanz verlangte, wäre er jedoch nicht mehr gewertet worden.
Diese Forderung hatte Konsequenzen: Von den 39 gestarte-

ten Wagen erreichten 1924 nur 14 das Ende des Rennens. Zwei Wagen wurden nicht gewertet, weil sie die Mindestdistanz in den 24 Stunden nicht schafften, während zahlreiche andere die ihnen abverlangten Strapazen nicht aushielten. Die Mindestdistanz wird aus einer mathematischen Formel abgeleitet, die von Jahr zu Jahr nach den neuesten Erfahrungen revidiert wird. Sie liegt der »Indexwertung« zugrunde, die neben der Gesamtwertung nach der in 24 Stunden gefahrenen Strecke die Leistungen von Wagen der unterschiedlichen Hubraumklassen auf einen Nenner bringen soll. Die Indexwertung erfolgt nach dem Prozentsatz der vom jeweiligen Wagen über der Minimaldistanz zurückgelegten Strecke.

Die Indexwertung wurde von offizieller Seite viele Jahre lang als die wichtigste angesehen. Sie wurde bis 1960 der Ermittlung des Gewinners des Coupe Biennale Rudge-Whitworth zugrundegelegt, ein Wanderpreis, der für die beste Leistung eines Fabrikats über zwei aufeinander folgende Jahre vergeben wurde.

1925 gab es für die drei ersten Rennen sogar einen Coupe Triennale – einen Wanderpreis über drei Jahre. Noch vor wenigen Jahren wurden an den Sieger in der Indexwertung die höchsten Preise ausgezahlt.

Heute hat die Index- gegenüber der Verbrauchswertung an Bedeutung verloren. Letztere bewertet die Leistung im 24-Stunden-Rennen im Verhältnis der zurückgelegten Distanz und der hierzu verbrauchten Kraftstoffmenge. Auch dem Wagengewicht wird, in geringerem Maße, Rechnung getragen. Auch abgesehen von der Abschaffung des »Coupe Biennale«

und dessen endgültigem Ersatz durch die Verbrauchswertung, im Jahre 1961, wurde das Reglement des 24-Stunden-Rennens seit der Gründung ständig der technischen Entwicklung angepaßt. Zum weltweiten Ruf des Rennens hat auch beigetragen, daß dieses Reglement stets mit unerbittlicher Strenge eingehalten wurde. Die Idee für ein Rennen, das auch bei Nacht stattfinden sollte, stammte von Charles Faroux, dem sofort Georges Durand (Generalsekretär des A.C.O.) und Emile Coquille (Direktor der Firma Rudge-Whitworth) ihre Unterstützung boten. Sie wollten damit nicht nur die teilnehmenden Wagen, die jeder kaufen konnte, auf das härteste prüfen, sondern auch den Zubehörherstellern – besonders elektrischer Apparate – einen Anreiz geben, ihre Erzeugnisse zu verbessern.

So wird z. B. heute noch jeder Wagen, dessen Beleuchtung – wenn auch nur eine Bremsleuchte – auf der Strecke in der Zeit von Samstag 21 Uhr 30 bis Sonntag 4 Uhr 30 nicht in Ordnung ist, von den Streckenkommissaren unerbittlich angehalten. Erst nach Instandsetzung darf der Wagen weiterfahren.

Während des ganzen Rennens muß der Anlasser funktionieren. Als Beweis dafür muß jeder an den Boxen haltende Fahrer den Motor abstellen und mit dem Anlasser wieder zum Laufen bringen, auch wenn keine Arbeit am Wagen geleistet wurde. Viele Jahre lang mußten alle für eine Reparatur notwendigen Ersatzteile im Rennen mitgeführt werden: wie auf die Reise gehende Automobilisten waren die Rennfahrer allein auf sich selbst angewiesen. Die Teilnehmer hatten also die Wahl, entweder zahlreiche Ersatzteile mitzuführen und damit das Handicap eines hohen Gewichts auf sich zu nehmen oder das Risiko einzugehen, ausscheiden zu müssen, weil ein Ersatzteil fehlte. Heute gilt diese Bestimmung nicht mehr, weil in der Praxis Kundendienst-Netze existieren, die Ersatzteile liefern können. Infolgedessen dürfen Teile auch von den Boxen ausgeliefert werden. Immer noch darf aber nur das defekte Teil, nicht etwa ein ganzes Aggregat, ausgewechselt werden. Man darf also nicht die Lichtmaschine oder den Anlasser komplett ersetzen, sondern nur dessen defekte Teile, was in der Regel mehr Zeit kostet.

Andere Defekte werden aber immer noch so bestraft wie in der ersten Zeit des Rennens. Die Batterie zum Beispiel darf nicht ausgewechselt und auch nicht aus fremder Quelle – sondern nur von der Lichtmaschine – wieder aufgeladen werden. Wasser und Öl dürfen erst nachgefüllt werden, wenn die vom Reglement geforderten ca. 350 km seit der letzten Füllung zurückgelegt sind. (Ab 1968 gilt dies nur noch für Öl.) Fürs Tanken galt bis 1959 eine ähnliche Vorschrift. Sie wurde nur deshalb aufgegeben, weil seit 1960 die C.S.I. ohnehin den Tankinhalt nach dem Hubraum begrenzte und so Fahrzeuge mit sehr hohem Verbrauch durch häufigeres Tanken gehandicapt werden. Jedes Jahr aber werden immer noch Wagen aus dem Rennen genommen, weil sie Wasser oder Öl nachfüllen müssen, ohne die vorgeschriebenen Runden erreicht zu haben, oder weil die leere Batterie den Motor nicht mehr starten kann.

Andere Möglichkeiten für Disqualifikation oder Zeitverlust verschwanden inzwischen. Zu Anfang des 24-Stunden-Rennens hatten praktisch alle teilnehmenden Wagen eine offene

Karosserie. Eine geschlossene Karosserie galt als zu schwer und bot nicht die Möglichkeit, durch Öffnen oder Umlegen der Windschutzscheibe den Luftwiderstand zu verringern. Aus diesem Grund schrieb jedoch das Reglement von 1924 bis 1927 vor, daß die ersten 25 Runden mit geschlossenem Verdeck gefahren werden mußten. Dadurch sollte bewiesen werden, daß das Verdeck den vom Wagen erreichten Geschwindigkeiten auch standhielt. Um die Entwicklung von Verdecken, die sich schnell aufklappen ließen, zu fördern, mußten die Fahrzeuge sogar mit geöffnetem Verdeck vor den Boxen aufgestellt werden. Auf das Startzeichen hin liefen die Fahrer, die – wie heute – sich auf der gegenüberliegenden Straßenseite aufgestellt hatten, zu den Wagen und mußten so schnell wie möglich das Verdeck schließen. Erst dann durfte gestartet werden. Während der ersten Jahre mußten außerdem in jedem Wagen für jeden leeren Platz 60 kg als Ballast mitgeführt werden. Die Vorschrift, daß jeder Wagen mit mehr als 1100 ccm Hubraum (später mehr als 1500 ccm) vier Plätze haben müsse, wurde erst 1937 fallengelassen.

Die radikalste Reglementsänderung kam jedoch erst nach dem Zweiten Weltkrieg, als Prototypen zum Rennen zugelassen wurden. Damit sollte der Industrie die Möglichkeit gegeben werden, neue Modelle einzusetzen, bevor sie der Öffentlichkeit angeboten wurden. Die Werke hatten sich ja nur mit Mühe von den Kriegsschäden erholt und vorerst die Produktion von Vorkriegs-Modellen aufgenommen. Die Zulassung der Prototypen wurde aber nie widerrufen. Im Gegenteil, die F.I.A. erkannte diese Fahrzeugart offiziell an, wonach die Rennprototypen allmählich von den Produktionstypen mehr und mehr abweichen. Damit stieg ohne Zweifel die spektakuläre Seite des Rennens, aber der praktische Wert für Zuschauer und Konstrukteure sank. Die Fahrzeuge, die heute in Le Mans starten, haben tatsächlich mit solchen, die für den normalen Straßenverkehr geeignet sind, nur noch recht wenig gemeinsam.

DIE ERSTEN SEITEN IM BILDERALBUM

Kein Bericht kann von den ersten Jahren des 24-Stunden-Rennens einen besseren Eindruck geben als Fotos aus dieser Zeit. Sie lassen vor unseren Augen ein Vierteljahrhundert europäischer Automobilgeschichte vorbeiziehen, in dem auch die Straßenbautechnik gewaltige Fortschritte erzielte. In dem Vierteljahrhundert sind die meisten Firmen, die den Fortschritt vorantrieben, von einigen immer mächtiger werdenden Konkurrenten aufgesogen worden. Von den 23 Fabrikaten, die in den Startlisten der Jahre 1923 und 1924 auftauchten, gibt es heute nur noch zwei: Die Firma Berliet, die heute mit schweren Lastwagen einen weltweiten Ruf hat, und die Firma Bentley, deren Namen 1932 mit dem Aufkauf durch Rolls-Royce gerettet wurde. Welchen Klang hatten damals aber Namen wie Chenard et Walcker, Excelsior, La Lorraine, Delage, Rolland-Pilain, Georges Irat, Bignan, Brasier, Amilcar, Salmson, Ariès, Omega-Six und auch der unvergeßliche Bugatti! Daneben tauchen weniger berühmte Namen auf wie Montier (ein von Charles Montier gebauter Wagen auf der Basis des Ford T-Modells), Corre-La Licorne, Vinot-Deguingand, Majola, G.R.P., Louis Chenard oder auch S.A.R.A. (Société des Automobiles à Refroidissement par Air, zu deutsch: Gesellschaft zum Bau von luftgekühlten Wagen). Der S.A.R.A. war ein technisch interessanter 1100 ccm-Wagen mit obenliegender Nockenwelle und einem gebläsegekühlten Motor.

In den folgenden Jahren finden wir Namen, die auch heute noch aus den verschiedensten Gründen berühmt sind. Dazu gehört Diatto (ein 2 Liter-Wagen und Vorläufer des Maserati), Ravel (von einem Bruder des Komponisten gebaut), Sizaire-Berwick (ein französischer 4,5 Liter-Wagen, dessen Linien eine starke Anlehnung an die eines Rolls-Royce aufwiesen und der deshalb »Rolls-Royce der Armen« genannt wurde); außerdem der italienische O.M., der 1927 durch seinen Sieg in der ersten Mille Miglia berühmt wurde (ein 2 Liter-Wagen mit stehenden Ventilen). Heute gehört die Firma zu Fiat und baut Lastwagen. Ferner die Fabrikate G.M., Talbot, E.H.P. und D.F.P. Die französische Marke D.F.P. hatte sich schon vor 1914 in Rennen einen gewissen Ruf erworben. Sie wurde auch dadurch berühmt, daß W.O. Bentley – dessen Wagen fünfmal hintereinander in Le Mans gewannen – ein Fahrzeug dieses Fabrikats fuhr.

Das Rennen von 1925 bestritten 49 Teilnehmer, darunter gab es zum ersten Male einen amerikanischen Wagen, einen Chrysler mit 3,3 Liter Hubraum, und zwei Fabrikate, die es heute noch gibt: Sunbeam und Austin. Bei einem kritischen Rückblick muß man sich allerdings fragen, wie für dieses Rennen der Begriff eines normalen, von jedermann käuflichen Wagens definiert wurde. Von den pontonförmigen Chenard et Walcker-Wagen steht auf jeden Fall fest, daß sie nur für Rennzwecke gebaut wurden und kein einziges Exemplar jemals an einen privaten Kunden verkauft wurde.

Von Anbeginn begeisterte das 24-Stunden-Rennen durch seinen bis heute bewahrten einzigartigen Charakter die Zuschauermassen und seit jeher setzen sich viele Konstrukteure dieses Rennen als ihr Ziel für die Rennsaison. Die Rennbedingungen glichen jedoch keineswegs den heutigen. Die Organisation hatte einen gemütlichen Charakter, der sich später durch die zunehmende Bedeutung des Rennens und durch die Sicherheitsvorkehrungen straffte, die für die heutigen Wagen und Durchschnittsgeschwindigkeiten von über 200 km/h notwendig geworden sind. Sammy Davis erzählt in seinem Buch »Motor Racing« (das zur klassischen Rennsportliteratur zählt), daß 1925 das offizielle Training wegen des schlechten Streckenzustandes nicht abgehalten werden konnte. Davis startete 1925 erstmals beim 24-Stunden-Rennen auf einem Sunbeam und gewann zwei Jahre später auf einem Bentley. Obwohl die Teilnehmer das Rennen überaus ernst nahmen, hatte die Organisation noch nicht den rein sachlichen Charakter von heute. Die Wagen gelangten damals noch auf den eigenen Rädern nach Le Mans. Sammy Davis erzählt uns, daß die Straße von Dieppe nach Le Mans in einem so schlechten Zustand war, daß er Le Mans im 15 km/h-Tempo erreichte, nachdem unterwegs ein Rahmenlängsträger gebrochen war. Während der Wagen bei der Firma Talbot in Paris repariert wurde, schickte diese einen ihrer Serien-Wagen als Ersatz nach Le Mans, damit sich die Fahrer auf diesem wenigstens mit der Strecke vertraut machen konnten! Groß war aber die Überraschung der Fahrer nach dem Frühstück

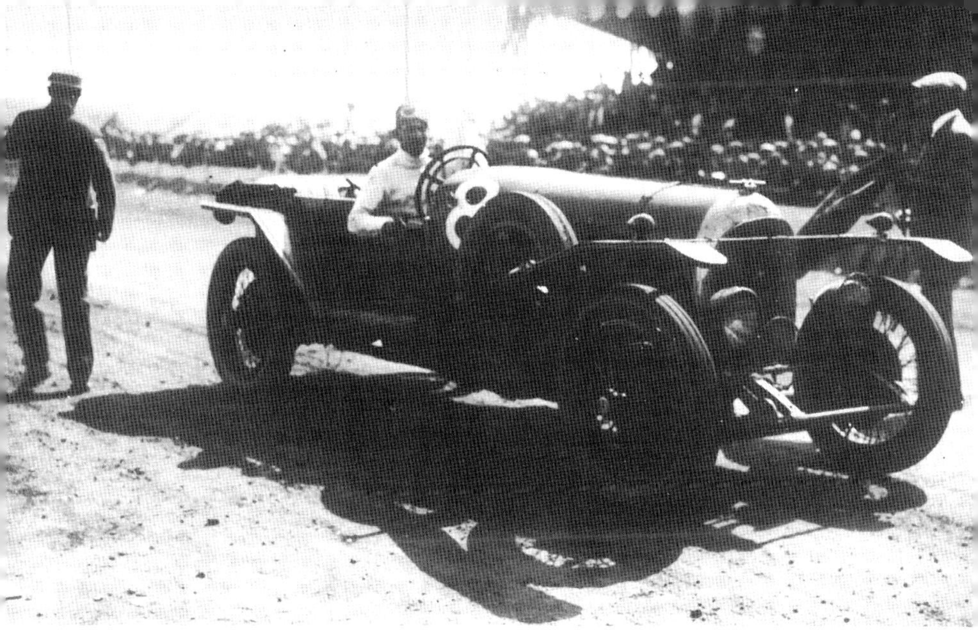

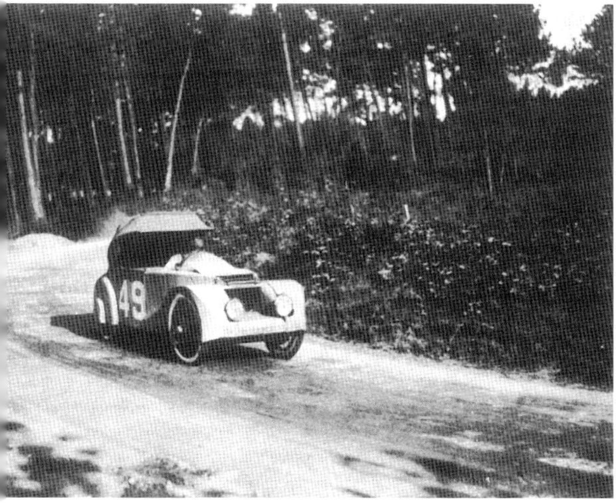

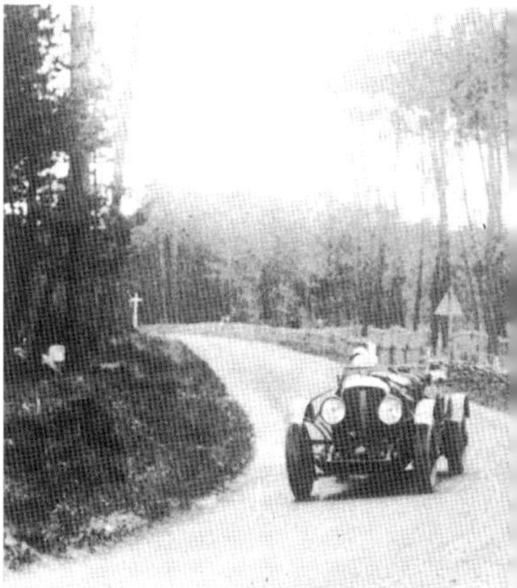

3

1) 1924 holte sich ein Bentley den ersten von insgesamt fünf Siegen beim 24-Stunden Rennen. Im vorhergehenden Jahr waren John Duff und Frank Clement noch von Lagache und Léonard auf Chenard et Walcker geschlagen worden (Foto: Archiv).

2) Mit geschlossenem Verdeck, wie es das Reglement für die ersten Runden vorschrieb, sah der 1,1 Liter-Chenard et Walcker der Fahrer Sénéchal–Loqueheux nicht ganz so fortschrittlich aus wie in der übrigen Gestaltung der Karosserie (Archiv)

3) Der »Speed Six«-Bentley wird hier im Jahr 1929 von Sir Henry Birkin in die erste Arnage-S-Kurve gelenkt (Pol).

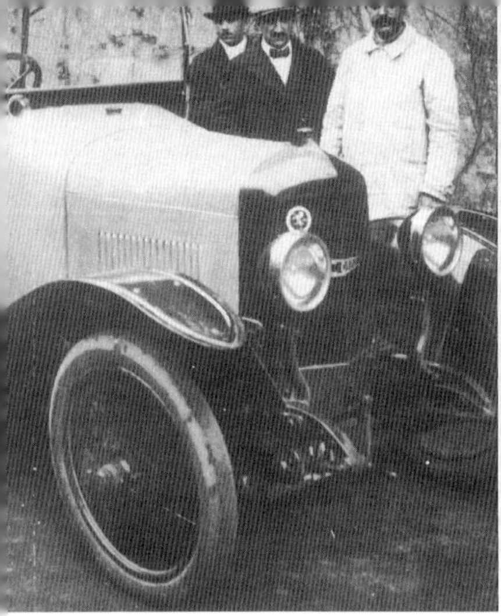
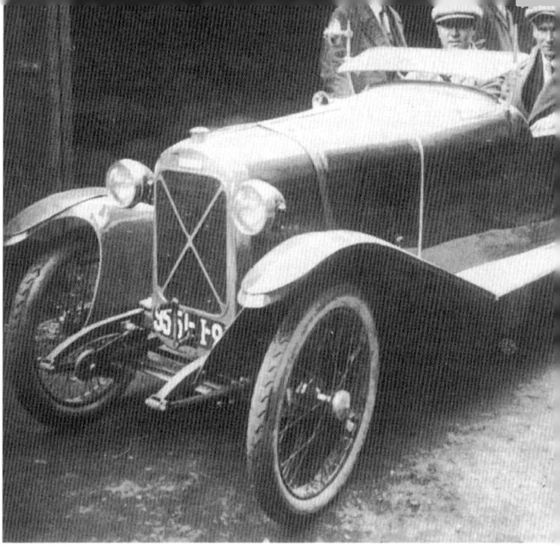
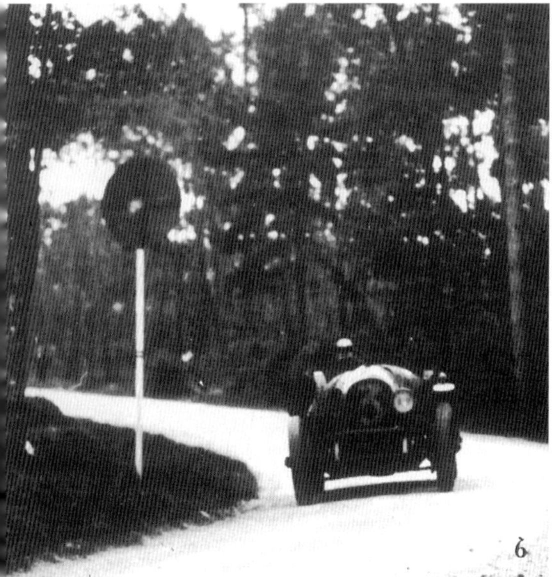
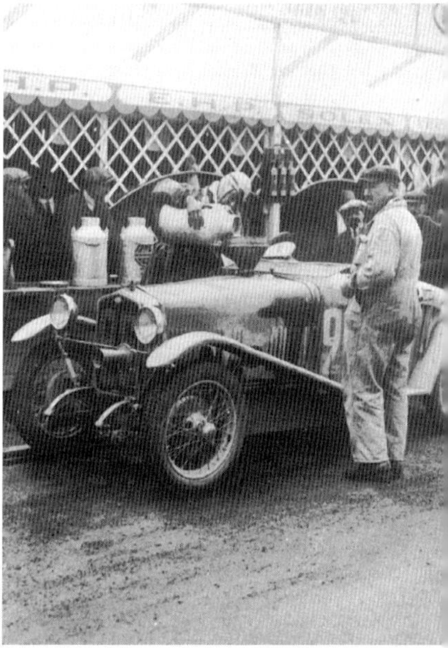

4) und 5) Wie haben sich die Wagen in Le Mans verändert, seit dieser Licorne (Fahrer: Drouin–Balart) mit Azetylenlampen und dieser sportliche Salmson (Fahrer: Casse–Devaux) 1923 an den Start gingen! (Archiv).

6) Noch ein siegreicher Bentley aus dem Jahr 1927, gefahren von Benjafield–Davis (Archiv).

7) Der E.H.P. der Fahrer Bouriat–Bussienne mit 1,1 Liter-Sechszylinder-CIME-Motor (mit stehenden Ventilen) wird hier getankt. Er holte sich 1927 mit 78 km/h Durchschnitt den fünften Platz. Nach der Reglementbestimmung führen die beiden Fahrer selbst die Arbeit aus (Archiv).

im »Hotel de l'Hippodrome« (direkt neben der Rennstrecke, damals schon ein beliebter Treffpunkt der Schlachtenbummler), als sie entdeckten, daß der Talbot-Motor beim Gasgeben jedesmal abstarb. Die gegnerischen Bentley-Fahrer hatten aus Jux und Spaß das Gaspedalgestänge mit der Kaltstartklappe verbunden, so daß die Luftzufuhr des Motors beim Gasgeben einfach aussetzte. Man stelle sich einmal den Skandal vor, der heute durch einen gleichartigen Eingriff eines Ferrari-Fahrers an einem Ford-Wagen oder umgekehrt entstünde ...

Weiter berichtet Sammy Davis von seinem ersten Start in Le Mans: »Im Morgengrauen war die Strecke von verlassenen Wagen gesäumt. Der Abschnitt von ›Mulsanne‹ nach ›Arnage‹ war nur noch ein Schotterhaufen. Die ›Maison Blanche‹-Kurve hatte sich in einen Sandstrand verwandelt, auch in den übrigen Kurven taten sich gewaltige Schlaglöcher auf ...

Überholvorgänge wurden zunehmend gefährlicher. Die Hinterräder der Fahrzeuge schleuderten Steinregen auf die Scheinwerfer-Schutzgitter meines Sunbeam und auch auf das die Windschutzscheibe ersetzende Gitter[1]. Wenn ich dann überholt hatte, beklagte sich der andere Fahrer lautstark über die nun von meinem Wagen hochgeschleuderten Steine. Die Windschutzscheiben, die bei einigen französischen Wagen angeblich bruchsicher sein sollten, zerbarsten ebenso wie zahlreiche Scheinwerfergläser. Plötzlich wurde mein Sturzhelm mit solcher Wucht getroffen, daß ich ganz benommen

[1] Das Reglement ließ zu dieser Zeit noch Sicherheits-Schutzgitter statt einer Windschutzscheibe zu.

eine Viertelstunde gegen die Ohnmacht ankämpfte. Am nächsten Tag fand man einen riesigen Stein in meinem Wagen; heute nimmt er einen Ehrenplatz in meiner Trophäensammlung ein.«

Die zeitgenössischen Fotos zeugen vom Zustand der Straßen, den Sammy Davis schildert. Man kann sich dann auch die Szene vorstellen, die er etwas später beschreibt: »Eine volle Runde mußte ich hinter dem O.M. von Foresti und Minoia herfahren, ohne ihn überholen zu können, weil Foresti während der Fahrt mit seinem Senior Minoia in eine heftige Diskussion verwickelt war und dabei so gestikulierte, daß ein Unfall unvermeidlich schien.«

Wie heute auch noch, so wurden auch die 24-Stunden-Rennen vor dem Zweiten Weltkrieg periodisch von bestimmten Marken beherrscht. Die Firma Bentley, die 1923 von Chenard et Walcker besiegt worden war, weil ihre Wagen keine Vorderradbremsen hatten, erschien im nächsten Jahr mit einem 3 Liter-Modell mit Vierradbremsen und gewann vor zwei Lorraine-Dietrich. Diese französischen Wagen mit einem 3,5 Liter-Sechszylindermotor gewannen jedoch die Rennen der beiden nächsten Jahre. 1926 gelang es ihnen sogar, sich die drei ersten Plätze zu holen, jeweils mit einem Durchschnitt von über 100 km/h, wobei der erste Wagen mit einem Schnitt von 106 km/h auch einen offiziellen Weltrekord über 24 Stunden aufstellte, der viel Aufsehen erregte.

Für die Firma Lorraine war das eine große Versuchung, sich auf ihren Lorbeeren auszuruhen, und die englischen Bentley beherrschten in den folgenden vier Jahren das Rennen vollkommen. Ganz so ohne Mühe geschah es jedoch nicht. So wurde 1927 das Bentley-Team durch einen Massenunfall in der Maison Blanche-Kurve dezimiert. Pierre Tabourin, der Fahrer eines Théophile Schneider, geriet in den Graben, als er von einem anderen Wagen behindert wurde, und blockierte die halbe Straßenbreite. Die drei Bentley (davon zwei neue 4,5 Liter-Modelle) folgten dichtauf und konnten ebensowenig der Karambolage ausweichen wie der Schneider von Thelusson und ein S.A.R.A. Nur der von Sammy Davis gesteuerte 3 Liter-Bentley, der älteste Wagen im Team, konnte mit verbogenem Rahmen und beschädigter Vorderachse weiterfahren; ein Scheinwerfer leuchtete in den Himmel, ein Kotflügel war verbogen und die Batterie hing erbärmlich an den Kabeln. Nachdem Sammy Davis und sein Beifahrer Dr. Benjafield den Wagen kurz untersucht und dürftig repariert hatte, fuhren sie weiter und gewannen das Rennen trotz heftiger Gegenwehr seitens des von Chassagne und Laly gesteuerten 3 Liter-Ariès.

Dieser Wagen führte noch zwei Stunden vor dem Ende des Rennens, war dann aber dem von ihm erzwungenen Tempo nicht mehr gewachsen und fiel schließlich mit Motorschaden aus.

Interessante Fotos des Rennens von 1928 erinnern an die erste Teilnahme amerikanischer Wagen, die schon damals den Gesamtsieg anstrebten. Zu jener Zeit versuchten die amerikanischen Automobilfirmen mit allen Mitteln, auf dem europäischen Markt Fuß zu fassen, und die Teilnahme am 24-Stunden-Rennen war ein Teil dieser Werbekampagne. Ein wunderschöner 4,9 Liter-Stutz mit Achtzylinder-Reihenmotor und obenliegender Nockenwelle erschien am Start, und auch vier Chrysler, die einen 4,1 Liter-Sechszylindermotor mit stehenden Ventilen hatten.

Um dieser Offensive zu begegnen, setzte Bentley wiederum seine 4,5 Liter-Vierzylinder-Modelle ein, die inzwischen weiterentwickelt worden waren. Es bedurfte aller Anstrengungen, die Amerikaner zu besiegen, denn sie bestritten ein großartiges Rennen. Der von den Franzosen Bloch und Brisson gefahrene Stutz kam nur 13 km – also weniger als eine Runde – hinter dem siegreichen Bentley von Barnato und Rubin ins Ziel. Diese Leistung blieb bis zum Ford-Sieg von 1966 – 38 Jahre später – die beste eines amerikanischen Wagens in Le Mans.

1929 wurde die Strecke auf 16,340 km Länge leicht verkürzt. Der »Automobile Club de l'Ouest« baute eine Abkürzung (heute »Rue de Circuit«), um die Pontlieue-Spitzkehre zu vermeiden. Auf dem veränderten Kurs holten sich die Bentley einen einmalig gebliebenen Erfolg mit den ersten vier Plätzen in der Gesamt- und dem ersten Platz in der Indexwertung. Das siegreiche Fahrzeug von Barnato und Birkin war das neue »Speed Six« 6,6 Liter-Sechszylindermodell. Wieder einmal folgen jedoch den englischen Wagen drei amerikanische, nämlich ein Stutz und zwei Chrysler. Diese Leistung zeigte der Öffentlichkeit, daß die amerikanischen Wagen – berühmt für Elastizität, für Laufruhe und Komfort – auch in einem solchen schweren Rennen mithalten konnten, für das man sie bisher als ungeeignet bezeichnet hatte. Das hätte den Konstrukteuren die Augen öffnen sollen, zumal der Preis eines Chryslers zum Beispiel in keinem Verhältnis zu dem des enorm teuren Bentley stand.

Leider wurden keine Folgerungen daraus gezogen. Statt dessen bespöttelte Gabriel Voisin – ein großer Luftfahrtpionier, der später ein berühmter Autokonstrukteur wurde – einen Artikel des berühmten Journalisten Charles Faroux, der ganz klar gesehen hatte, als er in der Zeitung »L'Auto« schrieb: »Andererseits müssen wir die Leistung von Chrysler ungeschmälert anerkennen. Noch nie hat jemand ihren leisen Lauf, ihre Elastizität und ihren großen Komfort bezweifelt; nun kann man auch keine Zweifel an ihren guten Fahreigenschaften und ihrer bemerkenswerten Gesamtqualität mehr haben. Seien wir doch, wenn es die Tatsachen erfordern, ganz unparteiisch. Die Chrysler-Wagen sind vor aller Augen in den Vordergrund des internationalen Automobilbaus getreten – ich ziehe vor ihnen meinen Hut.«

»Nachdem ich diesen Lobgesang gelesen hatte«, schreibt Gabriel Voisin in einer damals von ihm veröffentlichten Broschüre, »machte ich mich daran, die Zeiten der Konkurrenten näher zu untersuchen. Außer für den Ersten vergaß unsere alte Sport-Zeitung, die Geschwindigkeiten anzugeben, und wir wissen jetzt, warum. Zu seinem Glück zog Charles Faroux – die Feder in der Hand – seinen Hut in der Redaktion. Hätte er ihn nämlich auf der Straße gezogen, so hätte er ihn ziemlich lange in der Hand halten müssen, denn der Chrysler, der soeben in den Vordergrund des internationalen Automobilbaus gedrungen war usw. usw ... lag 360 km hinter dem Ersten, als dieser das Ziel erreichte. Bei einem Schnitt von 100 km/h (weiß Gott, was für ein Schnitt!) hätte Charles Faroux seinen Hut fast vier Stunden in der Hand halten müssen.

Mit anderen Worten, beim Überqueren des Ziels durch den Bentley in Paris hätte der erste der beiden Chrysler noch nicht einmal Dijon erreicht, was für den ›Vordergrund des internationalen Automobilbaus‹ einen recht merklichen Rückstand bedeutete.

Das Ende des Artikels meines alten Freundes Faroux ist erschütternd: ›Nun kommt also der seit langem angekündigte Augenblick, in dem sich die gesamte französische Industrie entscheiden muß, ob sie sich wieder aufrafft oder sich weiterhin einem ungewissen Schicksal überläßt usw. usw. ... Wohin wenden sich unsere Blicke? Auf die Lorraine-Wagen mit ihrer unvergeßlichen und unvergleichlichen Leistung von 1926, als alle drei Wagen einen Schnitt von mehr als 100 km/h erreichten, ohne auch nur einmal Wasser nachzufüllen‹.

Wenn Charles Faroux nicht weiß, warum Firmen wie Lorraine, Chenard et Walcker und viele andere dem Rennsport fernbleiben, dann werde ich es ihm mit allen möglichen Details erklären. Wenn jedenfalls Charles Faroux in seinem Artikel vom 17. Juni die 1929 erreichten Durchschnittsgeschwindigkeiten der Wagen angeführt hätte, vor denen er den Hut zieht, dann könnten wir feststellen, daß diese bereits 1926 von Lorraine erzielt wurden. Welch ein Fortschritt!

Einen einzigen Artikel in einer Zeitung braucht man nicht unbedingt sehr ernst zu nehmen. Unglücklicherweise ist Charles Faroux aber so ungefähr der einzige französische Journalist, der einen Kolben von einem Vergaser unterscheiden kann, und seine Artikel werden gelesen.« Am folgenden Dienstag, den 19. Juni, schrieb Georges Fraichard:

»Zehn französische Wagen sind letzten Samstag beim Langstreckenwettbewerb von Le Mans gestartet, nur zwei sind ans Ziel gekommen. Im Gegensatz dazu beendeten 8 von 15 ausländischen – amerikanischen und englischen – Wagen das Rennen auf den ersten Plätzen. Das ist die Bilanz des härtesten Rennens der Welt, das in Frankreich erdacht wurde und durchgeführt wird. Ist das nicht beunruhigend? Um so mehr, als dies zweifellos Folgen auf den nationalen und internationalen Märkten haben muß. Darüber scheinen sich die französischen Konstrukteure sehr wenig Sorgen zu machen. Das ist sehr bedauerlich. Man muß nun einmal sehr ernsthaft arbeiten, um einen Wagen zu bauen, der 24 Stunden lang eine Durchschnittsgeschwindigkeit von fast 120 km/h aushalten kann. Im Augenblick haben wir in Frankreich keinen Tourenwagen, der – wie die Bentley, Stutz und Chrysler – 170 oder 180 km/h erreicht.«

»Dieses Mal«, kommentiert Gabriel Voisin, »muß man tatsächlich den Hut ziehen. Ich habe gelegentlich auf der Straße einen Chrysler angetroffen, der mühsam knappe 115 km/h schaffte, aber nie 180 km/h! Im übrigen beweisen spätere Ereignisse die Falschheit dieser Sportberichte.

Beim belgischen 24-Stunden-Rennen, am 7. Juli 1929, ließ sich Herr Chrysler mit 5 Liter Hubraum von einem 2 Liter-Alfa Romeo ›verprügeln‹, wie man bei uns an der Porte Maillot sagt. Benoist-Marinoni auf Alfa Romeo schafften 2433 km, während der schnellste amerikanische Wagen nur 2188 km erreichte. Herr Chrysler kam also 245 km hinter dem Ersten ans Ziel. Es sei auch an den Auburn-Wagen erinnert, der 409 km zurücklag, was für einen Wagen, der sich in seiner Werbung ›der Schnellste‹ nennt, zumindest erstaunlich ist.

Wer von den Lesern dieser Broschüre an der Aussagekraft dieser Ergebnisse zweifelt oder glaubt, es sei das Resultat einer Pechsträhne, der sei auf Sonntag, den 28. Juni 1929, hingewiesen, als im ›Großen Sportwagenpreis von Spanien‹ der Stutz von Leblanc in der vierten Stunde zusammenbrach und der Chrysler von Stoffel-Bouriat als einziger Vertreter der amerikanischen Industrie nach 12 Stunden mit 147 km hinter dem Ersten ankam. Diese Siegeskette ist bezeichnend. Die amerikanischen Konstrukteure sollten sich weiterhin auf den Verkauf von Lack und Chrom beschränken, Motoren und Fahrwerke aber anderswo zur Schau stellen.«

Gabriel Voisin konnte also die Feder genauso gut wie den Zeichenstift für seine Flugzeuge und bemerkenswerten Autos führen. Leider war er kaufmännisch weniger beschlagen. Ab 1936 – also nur sieben Jahre später – war es mit ihm schon so weit, daß er seinen Kunden einen Wagen mit amerikanischem Graham-Motor anbieten mußte. Als der Krieg ausbrach, schlossen seine Fabriken wie viele andere in Europa und wurden nie wieder eröffnet . . .

Dasselbe geschah bei Bentley nach vier aufeinander folgenden Siegen, dabei ein weiterer Sieg des »Speed Six« im 24-Stunden-Rennen von 1930. Er wurde von einem Team von fünf Bentley – drei »Speed Six« und zwei 4,5 Liter-Kompressor-Modellen – gegen den einsamen Mercedes-Benz von Caracciola-Werner erkämpft, der in der Nacht durch Ausfall der Lichtmaschine aus dem harten Kampf ausscheiden mußte.

Eigenartig bleibt, daß die große deutsche Firma, die sich damals mit Erfolg an allen großen Rennen beteiligte, bis 1952 nie ernsthaft versuchte, das 24-Stunden-Rennen zu gewinnen. Sicher hätte der 7 Liter-Mercedes-Kompressor, der 1930 acht Stunden lang dem Bentley hart zusetzte, auch gewinnen können. Dazu wäre aber ein Team von mindestens drei Wagen notwendig gewesen.

Aus den Fotos damaliger Zeit gehen auch die Reifenschwierigkeiten hervor, die bei Wagen der Klasse des 6,6 Liter-Bentley, der immerhin 1800 kg wog und sicher 200 km/h lief, auftraten. Gegen Ende des Rennens waren fast alle hinteren Kotflügel von den abgerissenen Protektoren zerfetzt.

Im nächsten Jahr – 1931 – spielten die Reifen im Wettkampf eine noch größere Rolle als vorher. Sie machten den ersten ernsthaften Versuch von Bugatti zunichte, das Rennen zu gewinnen. Nach einer Serie von Protektor-Schäden (wovon einer einen Unfall verursachte, bei dem der Fahrer Maurice Rost schwer verletzt und ein Zuschauer getötet wurde) mußten sich die 4,9 Liter-Bugatti, wahrscheinlich die schnellsten Wagen im Rennen, zurückziehen. So siegten Lord Howe und Sir Henry Birkin auf einem 2,3 Liter-Alfa Romeo-Kompressor vor dem – ebenfalls durch Reifenpannen behinderten – Mercedes von Ivanovski-Stoffel. Der Triumph des italienischen Wagens – der erste von vier hintereinander – war durch den Sieg in der Gesamtwertung und im Coupe Biennale vollständig.

In den nächsten Jahren drückten zwei Männer auf dem 2,3 Liter-Alfa dem Rennen ihren Stempel auf: Raymond Sommer, der 1932 mit Luigi Chinetti und 1933 mit dem italienischen Meister Tazio Nuvolari gewann und Luigi Chinetti selber, der 1934 (mit Philippe Etancelin) und 1949 in Le

Mans siegte. Beim zweiten Sieg mußte Chinetti seinen Ferrari praktisch während der ganzen 24 Stunden fahren, weil sein Beifahrer Selsdon erkrankte. Chinettis Talent als Mechaniker war noch größer als seine Fahrkunst, und seine drei Siege hat er in erster Linie der Geschicklichkeit und der Sorgfalt, mit der er seinen Wagen vorbereitete, zu verdanken. Heute leitet er das North American Racing Team, dessen Ferrari – von ihm hergerichtet und betreut – 1965 in Le Mans gewann.

Die Engländer konnten sich zwar nach dem Ausfall von Bentley nicht mehr den Gesamtsieg, wohl aber in den nächsten Jahren den ersten Platz in der Indexwertung holen: nach Bentley und Clement Talbot in den Jahren 1929 und 1930 erlangten 1,5- und 2-Liter Aston-Martin (1932 bis 1935, und 1937) und 1,1 Liter Riley (1933 und 1934) jeweils den Coupe Biennale Rudge-Whitworth.

Für das Rennen von 1932 wurde die Strecke durch den Bau der »Privatstraße« wiederum abgeändert. Diese führt nach den Tribünen in einer langen Rechtskurve und über eine weitere S-Kurve nach »Tertre Rouge« hinunter und erreicht dort die Straße nach Tours. Damit verringerte sich die Länge der Strecke auf 13,492 km, und sie erhielt die Form, die sie – bis auf eine minimale Verschiebung der Start- und Ziellinie nach dem Versetzen der Tribünen (1956) – heute noch hat.

Das Siegerfoto von 1935 zeigt uns den schweren 4,5 Liter-Lagonda mit Sechszylinder-Stoßstangenmotor, dessen zehn Jahre älter anmutende Konstruktion an die Bentley der vergangenen Zeit erinnerte. Er fuhr die 24 Stunden mit dem Gleichmaß einer Lokomotive und gewann als lachender Dritter nach dem Zweikampf der Alfa Romeo. Nur 8 km – wenig mehr als die halbe Runde – fehlten daran, daß noch einmal ein Alfa, diesmal mit den Fahrern Pierre Louis Dreyfus (alias »Pierre Heldé«, heute ein Rennkommissar) und Henri Stoffel, siegte.

Nur einmal in zehn Jahren – 1931, als drei 4,9 Liter-Bugatti antraten und nach einer Serie von Reifenschäden ausfielen – hatte sich die französische Industrie mit Wagen am Rennen beteiligt, die Chancen auf den Gesamtsieg hatten.

Dann gab es 1935 für Frankreich einen Hoffnungsschimmer. Die routinierten Fahrer Michel Paris und Marcel Mongin (heute Sekretär des Clubs der Fahrer von Le Mans) bestritten ohne Firmenhilfe mit einem 3,2 Liter-Delahaye das Rennen. Der Name Delahaye gehörte zwar zur ältesten Tradition der französischen Industrie, war aber bis dahin mehr durch Feuerwehrfahrzeuge als durch Sporterfolge berühmt. Der Wagen – mit unabhängig aufgehängten Vorderrädern und einem soliden Stoßstangenmotor – kam auf den fünften Platz in der Gesamtwertung. Daraufhin entschloß sich die Firma, eine Sportausführung zu entwickeln. Damals wandten sich auch die Firmen Talbot und Bugatti wieder ernsthaft den Sportwagenrennen zu, weil im Grand Prix-Sport die deutschen Firmen mit staatlicher Unterstützung die Erfolge versperrten. Bugatti hatte im Typ 57 eine schlagkräftige Waffe. 1936 wurde das Rennen abgesagt, weil Streiks die Vorbereitungen der französischen Industrie behinderten. Dafür befanden sich 1937 nicht weniger als 14 französische Wagen mit mehr als 2,9 Liter Hubraum am Start: 4 Bugatti (davon 2 Werkswagen), 2 Talbot, 1 Delage und 7 Delahaye. In der 2 Liter-Klasse starteten 3 Peugeot »402 Légère« in einer Spezialausführung von Darl'Mat. Sie boten eine ausgezeichnete Mannschaftsleistung; zwei Wagen kamen geschlossen ans Ziel und der dritte lag nur wenige Runden zurück. Eines der Fotos zeigt uns Charles de Cortanze – heute stellvertretender Rennleiter – mit seinem Sohn André auf dem Schoß. Inzwischen ist André selbst mehrmals in Le Mans gestartet.

Im Rennen von 1937 erwiesen sich die Bugatti als unschlagbar, wenn auch einer nach 16 Stunden wegen eines lecken Tanks ausfiel. Jean-Pierre Wimille und der Veteran Robert Benoist schlugen alle Rekorde und distanzierten die Zweitplacierten Joseph Paul und Marcel Mongin auf Delahaye um mehr als 100 km. Seit der Zeit des Chenard et Walcker von 1925 hatten sich einige Konstrukteure erstmals wieder bemüht, ihre Wagen aerodynamisch zu gestalten. Die Bemühungen zahlten sich für Bugatti aus und brachten einem Adler (trotz eines Motors von nur 1700 ccm mit stehenden Ventilen) den sechsten Platz in der Gesamtwertung ein. Ein Foto zeigt Huschke von Hanstein – wie immer in weiblicher Begleitung und sichtlich zufrieden – vor dem Adler mit der Jaray-Karosserie.

In Abwesenheit der Bugatti gewann 1938 der 3,5 Liter-Delahaye von Chaboud und Trémoulet. 1939 aber trat Bugatti wieder an und siegte erneut, diesmal mit einem kühn gestalteten 57 C-Kompressorwagen, den Jean-Pierre Wimille und Pierre Veyron lenkten. Veyron ist heute Präsident des Clubs der Fahrer von Le Mans. In den Schoß fiel ihnen der Sieg mit dem gewaltigen Bugatti von 3,3 Meter Radstand aber auch nicht. Louis Gérard und der ewig junge Motorrad-

rennfahrer Georges Monneret legten mit ihrem 3 Liter-Delage (mit elektromagnetischem Cotal-Getriebe) ein Höllentempo vor und lagen lange vor dem Bugatti. Sie verfehlten nur deswegen den Sieg, weil vier Stunden vor Schluß eine Ventilfeder brach und sie zwang, langsamer zu fahren. Trotzdem wurden sie noch Zweite vor zwei 4,5 Liter Zwölfzylinder-Lagonda, deren Schöpfer jener W. O. Bentley war, dessen Wagen noch sechs Jahre vorher das Rennen beherrschten.
Ein weiteres Foto, das nicht in unserer Sammlung fehlen durfte, zeigt Amédeé Gordini am Lenkrad eines Simca-8, einer Lizenz-Konstruktion des Fiat 1100. Auf diesem strömungsgünstig verkleideten und von Gordini geschickt präparierten Wagen gewann dieser zusammen mit José Sacron die Indexwertung mit dem – für einen 1100 ccm-Wagen – damals phantastischen Durchschnitt von 120 km/h.

ALS FAHRER IN LE MANS

Zehn Jahre lang, bis 1949, konnte das Rennen dann nicht mehr ausgetragen werden. Die Streckenteile und -einrichtungen hatten im Krieg schwer gelitten; Fotos vom ersten Nachkriegsrennen zeigen die völlig neu gebauten Boxen und Tribünen. Zum ersten Mal durften nun auch Prototypen teilnehmen, damit neue Modelle, die wegen der wirtschaftlichen Situation noch nicht in Produktion genommen werden konnten, im Rennen eingesetzt und erprobt würden.
Trotzdem stammten fast alle Wagen mit Siegchancen noch aus der Vorkriegszeit. Zu den wenigen Ausnahmen zählten der Talbot von Louis Rosier (abgeleitet vom Modell 1939), der Aston-Martin DB-2-Prototyp mit einem 2,6 Liter-Sechszylindermotor und mehrere neue 2 Liter-Zwölfzylinder-Ferrari. Trotz des viel kleineren Hubraums gegenüber dem 4,5 Liter-Talbot, dem 3,5 Liter-Delahaye und dem 3 Liter-Delage erwiesen sich die kleinen italienischen Zwölfzylinder als ebenso schnell, aber viel standfester: Einer kam – in Führung liegend – von der Strecke ab, der andere gewann die Gesamt- und die Indexwertung. Ihn fuhr Chinetti praktisch vom Start bis ins Ziel.

1950 war das letzte Jahr, in dem die Vorkriegsmodelle noch auf einen Sieg hoffen durften, und der gelang ihnen auch. Zwei Talbot mit Louis Rosier und dessen Sohn Jean Louis (der freilich nur zwei Runden fuhr) und mit Pierre Meyrat und Guy Mairesse (mit dem späteren belgischen Fahrer Willy Mairesse nicht zu verwechseln) holten sich die beiden ersten Plätze in der Gesamtwertung. Aber schon damals machte ein Fabrikat von sich reden, das in den nächsten Jahren in Le Mans dominieren sollte. Auf einem fast serienmäßigen Jaguar XK 120 rückten für kurze Zeit Johnson und Hadley sogar bis an die Spitze vor, mußten aber in der zweiten Hälfte des Rennens aufgeben. 1951 startete Jaguar wiederum mit drei, nunmehr eigens für dieses Rennen gebauten XK 120 C-Wagen und holte sich damit den ersten seiner fünf Siege bis 1957. 1952 stand das Rennen ganz im Zeichen der Leistung von Pierre Levegh, der 22 Stunden allein seinen Wagen lenkte, bis er schließlich – allein an der Spitze liegend – ausscheiden mußte, als die Kurbelwelle seines alten Talbot brach. Alle Jaguar schieden frühzeitig mit Kühlungsschwierigkeiten aus, und so kamen zwei Prototypen des Mercedes-Benz 300 SL (später ein sehr erfolgreiches Serienmodell) auf die ersten Plätze.

Das Rennen von 1953 ist für mich von besonderer Bedeutung, weil ich erstmals nicht als Zuschauer, sondern als Mitglied der Porsche-Mannschaft nach Le Mans kam.

Man kann sich wohl meine Freude vorstellen, als ich eines schönen Mai-Tages von Huschke von Hanstein, dem Rennleiter von Porsche, einen Brief erhielt, durch den er mich einlud, am 24-Stunden-Rennen als Werksfahrer teilzunehmen.

In diesem berühmten Rennen mitfahren zu dürfen, erschien mir als eine besondere Auszeichnung. Hanstein wollte mit mir und Richard von Frankenberg ein Journalistenteam bilden. Es schien ihm eine wirkungsvolle Reklame, denn Journalisten berichten immer gern über ihre Rennerfahrungen. Unsere Wagen waren recht eigenartige Konstruktionen, die ersten Porsche-Rennwagen mit dem Motor vor der Hinterachse. Drin saß immer noch der vom Volkswagen abgeleitete 1500 ccm-Stoßstangenmotor, jedoch schon mit einer rollengelagerten Kurbelwelle. Die Zeit hatte allerdings nur gereicht, um die gesamte Hecktriebgruppe – Motor, Kraftübertragung, Hinterachse – gegenüber dem Serienmodell um 180° zu drehen, nicht aber, um die Aufhängung umzukonstruieren. So wurden die Pendelachsen an Längslenkern geführt, die hinter statt vor der Achse eingehängt waren, wodurch sich in Kurven die Hinterräder spreizten und der Wagen zum Übersteuern neigte. Unsere Wagen verhielten sich im Grunde genauso wie die berüchtigten Serien-Porsche jener Zeit. Die Verlegung des Motors hatte also auf die Straßenlage keinen großen Einfluß; den einzigen wirklichen Vorteil brachte der verlängerte Radstand, der die Kursstabilität des auf der Geraden über 200 km/h schnellen Wagens verbesserte und eine günstige Karosserieform erlaubte.

Damals begann das erste Training nach Sonnenuntergang. Wenn ich daran zurückdenke! Wie gut hat die Rennleitung daran getan, in späteren Jahren den Trainingsbeginn vorzuverlegen. Ich hatte am Tag mehrere Runden mit einem serienmäßigen Porsche gedreht. Sobald ich aber mit dem Rennwagen in der Dunkelheit auf die Strecke ging, kannte

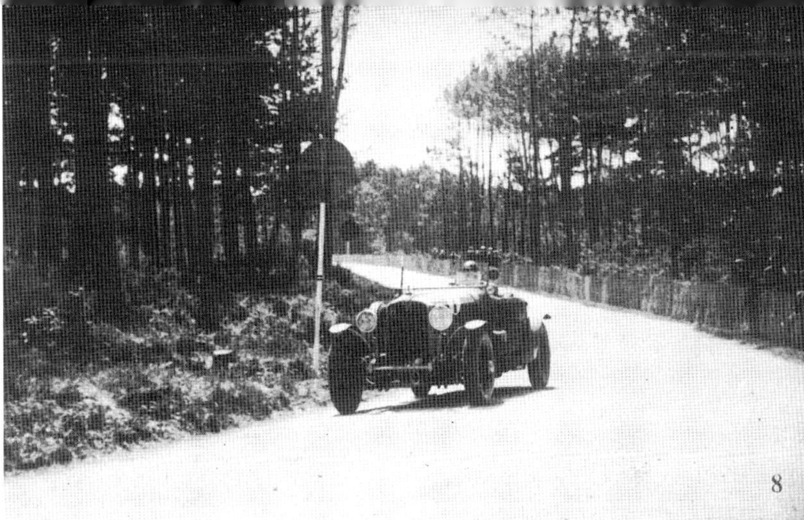

8

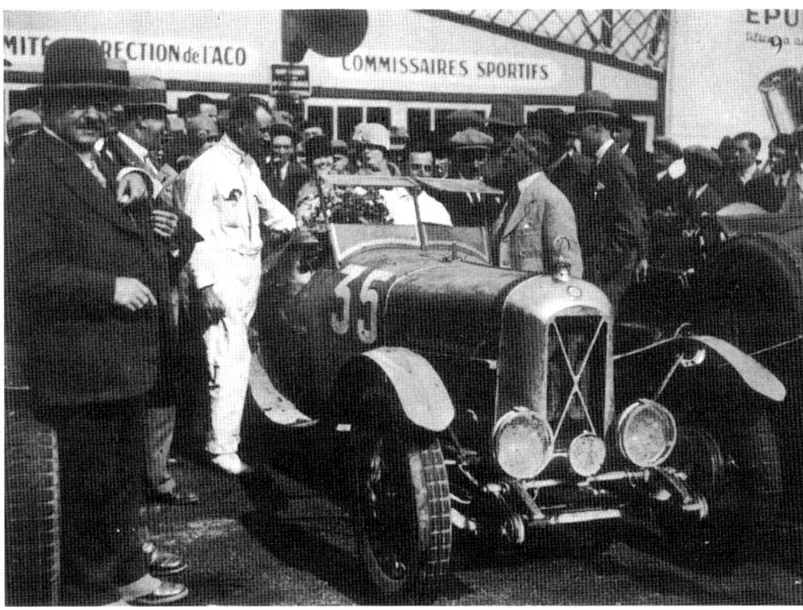

9

8) Dieser 4,9 Liter-Stutz kam 1928 mit nur einer Runde Abstand zum siegreichen Bentley auf den zweiten Platz. Es war das beste Ergebnis eines amerikanischen Wagens bis zum Ford-Sieg 1966 (Archiv).
9) Die 1,1 Liter-Salmson, konstruiert vom Ingenieur Emile Petit, zeigten sich von ihrer besten Seite. 1928 holte sich der Wagen von Casse–Rousseau den Coupe Biennale (Archiv).

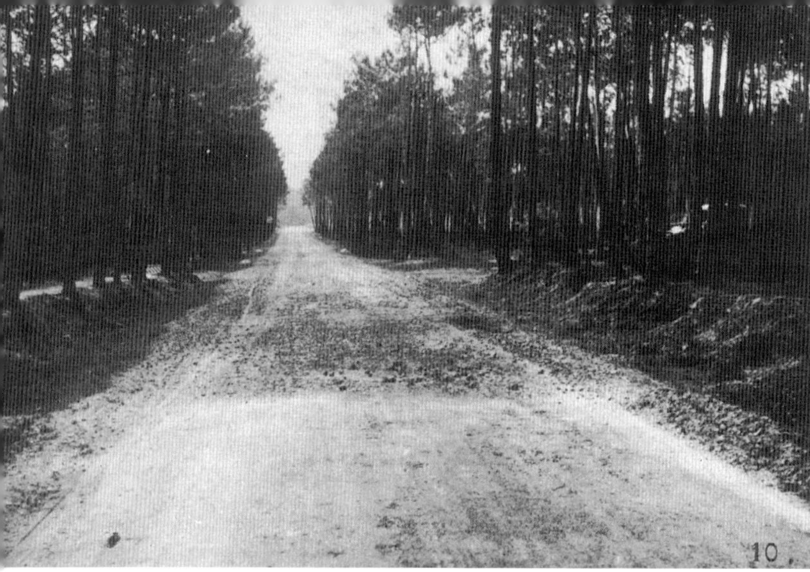

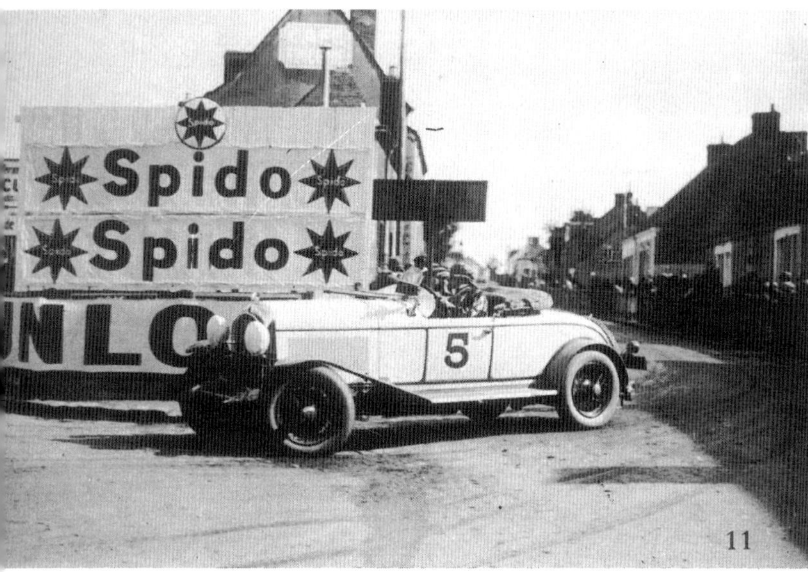

10) Die zur Arnage-Kurve führende Straße nach dem 24-Stunden-Rennen von 1925. Eine erstmals durchgeführte chemikalische Behandlung (im Vordergrund) brachte zwar gewisse Erfolge, hinderte aber nicht Sammy Davis, in seinem Buch »Motor Racing« zu schreiben: »Das Streckenstück von Mulsanne nach Arnage war nicht mehr als ein Schotterhaufen.« (Amiet).

11) Cyril de Vere lenkt seinen Sechszylinder-Chrysler (mit stehenden Ventilen) durch die Pontlieue-Kurve, die ab 1929 nicht mehr zur Strecke gehörte (Rol).

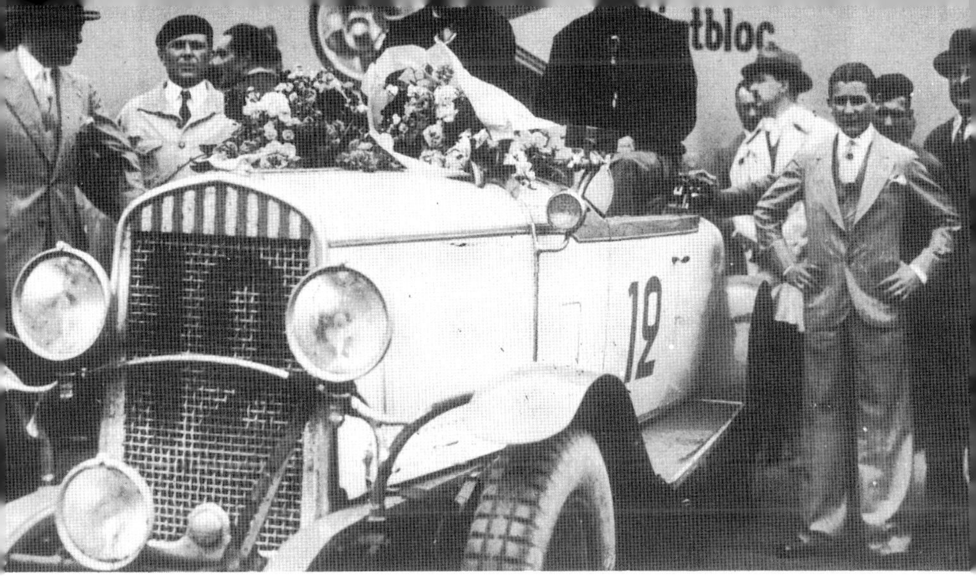

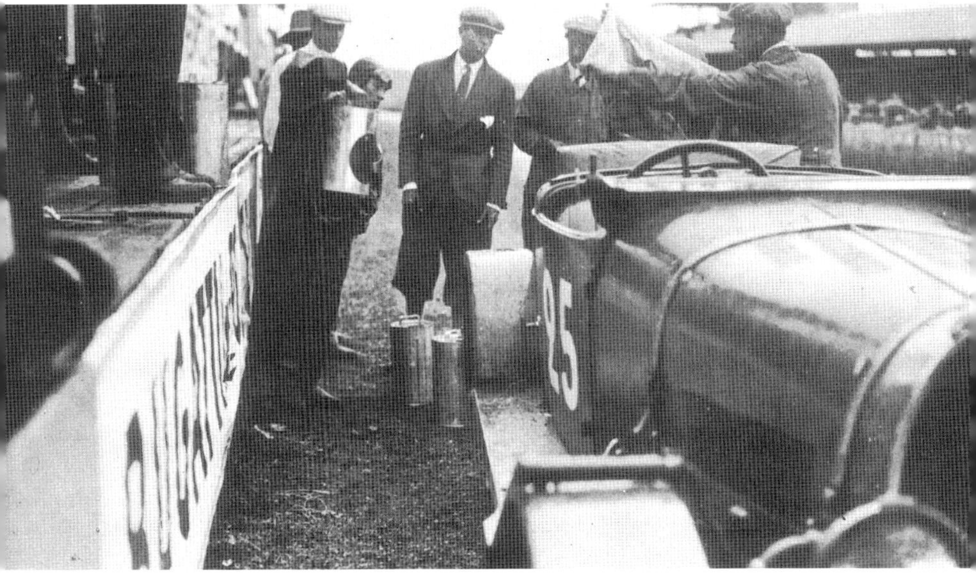

12) Wie immer auch Gabriel Voisin darüber dachte – ein Durchschnitt von über 100 km/h war 1929 von diesem Chrysler Typ 75 für einen fast serienmäßigen Wagen eine erstaunliche Leistung. Ihn fuhren Cyril de Vere (mit Mütze) und Marcel Mongin (Archiv).

13) Obwohl Damen heute am Rennen nicht mehr teilnehmen dürfen, waren einige in den ersten Jahren erfolgreich. Hier die Damen Siko und Mareuse, die sich 1930 mit ihrem 1,5 Liter-Bugatti den siebten Platz holten (Rol).

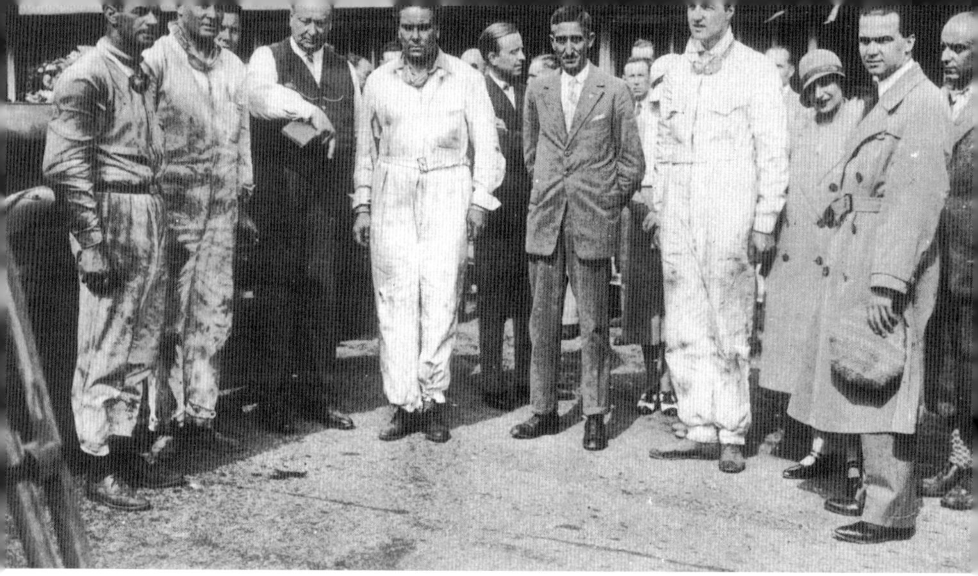

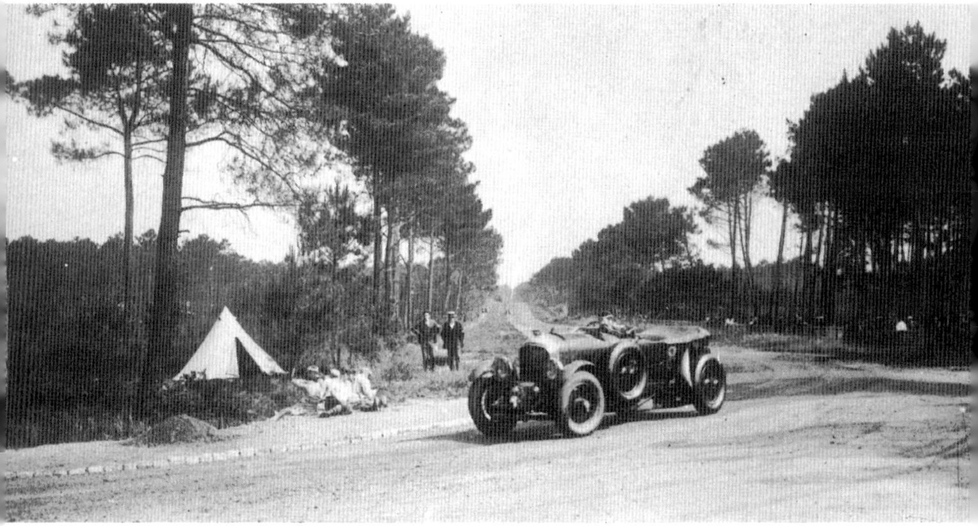

14) Das Rennen von 1930 gewann vor allem durch Christian Werner und Rudolf Caracciola an Farbe. Hier sehen wir von links nach rechts: Clement, Kidston, Ramponi (halb verdeckt), Kensington-Moir (Rennleiter und früher selbst Fahrer), Barnato (zum dritten Mal hintereinander der Sieger), Werner (in Zivil), Watney, Frau Caracciola und ihr Gatte (im Trenchcoat) (Rol).
15) Der 4,5 Liter-Bentley mit Kompressor in der Arnage-Kurve. Die Bentley waren für ihre Reifen zu schnell. Das zeigt hier der hintere Kotflügel, der vom abgerissenen Protektor beschädigt wurde (Rol).

ich mich überhaupt nicht mehr aus. Gleich in der ersten Runde sah ich die S-Kurven bei Teche Bouge unerwartet schnell auf mich zukommen und ich hatte Glück, daß es keinen gewaltigen Krach gab! Meine ganze Aufmerksamkeit war darauf gerichtet, die mich überholenden Fahrer nicht zu behindern, deren Geschwindigkeit ich im Scheinwerferlicht nicht abschätzen konnte. Es war einfach nicht möglich, unter solchen Verhältnissen die Strecke zu studieren und sich Anhaltspunkte einzuprägen. Das unter diesen Umständen schwierigste Streckenstück war das bei Maison Blanche, und ich bin sicher, daß ich trotz aller Bemühungen dort viele Teilnehmer behinderte. Erst am nächsten Abend konnte ich mich gut mit der Strecke vertraut machen und nach sieben oder acht Runden die Zeiten meiner Team-Kameraden erreichen, die schon in den vorhergehenden Jahren in Le Mans gestartet waren.

Nur in jenem Jahre fuhr ich in Le Mans einen verhältnismäßig langsamen Wagen. Zahlreiche Jaguar XK 120 C starteten; sie hatten als einzige Scheibenbremsen und waren viel schneller als unsere Porsche. Sie bremsten etwa vor der Mulsanne-Kurve viel später als wir und überholten uns in der Bremszone wie Pfeile. Dann waren auch die großen und schweren Cunningham mit Chrysler-Motor und fürchterlichem Auspuffton im Rennen, die auf der Geraden ungeheuer schnell liefen. Zu den schönsten Wagen zählten die Ferrari-Berlinetta, deren Pininfarina-Karosserie heute noch auf Automobilausstellungen Aufsehen erregen würde. Der Auspuff ihrer Zwölfzylindermotoren (mit 4,1 und 4,5 Liter Hubraum) war reine Musik; wie startende Flugzeuge beschleu-

nigten sie, als sie uns aus Kurven heraus überholten. Ich erinnere mich, wie eindrucksvoll mich Ascari in der schnellen Kurve vor »Mulsanne« überholte, die er »voll« nahm, obwohl mein Wagen ihn daran hinderte, die günstigste Spur zu fahren. Mit meinem viel langsameren Porsche mußte ich entweder die Ideallinie fahren oder langsamer. Beim Versuch, mit den Jaguar mitzuhalten, fielen jedoch zwei der schönen Ferrari mit Bremsdefekten aus; nur die Brüder Marzotto kamen ans Ziel. Sie hatten ihre Bremsen mehr geschont, hatten aber zum Schluß doch keine mehr und bremsten ausschließlich mit dem Getriebe herunter.
Bei Einbruch der Nacht waren die meisten schnellen Wagen noch auf der Strecke: die Jaguar, die Ferrari, die Alfa Romeo (3,5 Liter-Sechszylinder, Fangio fuhr einen davon) und die Lancia-Berlinetta mit 2,7 Liter-V 6-Kompressormotor. Maglioli fuhr einen dieser Lancia und beeindruckte mich sehr. Auf dieser Strecke in der Nacht einen Wagen zu fahren, der langsamer als mindestens 20 andere war, das ist für mich die schlechteste Erinnerung an Le Mans. Immer wieder beklagen sich die Fahrer schneller Wagen über die Behinderung durch die langsameren. Sie sollten selbst einmal erfahren, wie schwierig es ist, Abstand und Geschwindigkeit eines mit voller Beleuchtung auflaufenden Wagens zu schätzen, wenn man selbst schneller als 200 km/h fährt, selbst überholen muß und auf gute Zeiten achtet.
Die Presse sprach Porsche gute Chancen auf den Sieg in der Indexwertung zu; das Werk aber entschloß sich, den Klassensieg anzusteuern. Unsere wichtigsten Gegner waren zwei Borgward, ein Simca-Gordini und ein OSCA. Nachdem

letzterer als hartnäckigster Gegner vor 4 Uhr morgens ausfiel, war uns – falls wir ankamen – der Klassensieg nicht mehr zu nehmen. Wir mußten dann auf Durchhalten fahren, und man ließ uns das Tempo derart verlangsamen, daß ich innerlich revoltierte.

Wie fast immer bei schönem Wetter bildeten sich bei Sonnenaufgang zahlreiche Nebelbänke. Unter diesen Umständen war ich ganz froh, ab und zu vom Gas gehen zu dürfen und dennoch die von der Boxe vorgeschriebenen Rundenzeiten einhalten zu können. Andere Wagen rasten jedoch unbeirrt weiter. Nie werde ich vergessen, wie ein weiß-blauer 4,1 Liter-Ferrari mit dem langen Tom Cole am Lenkrad in einem Nebelfetzen verschwand. Der lebensfrohe, aber tollkühne und ehrgeizige Amerikaner lag zu dieser Zeit an dritter Stelle und versuchte die schlechte Sicht auszunutzen, um aufzuholen. Ich sah ihn zum letzten Mal. Wenig später bedeckten die Nebelschwaden die Maison Blanche-Kurve. Dort lag links in einem Felde das Wrack des weißen Ferrari, dessen Fahrer beim Aufprall sofort getötet worden war.

Als der Nebel sich verzogen hatte, mußten wir weiter unsere vorgeschriebenen Rundenzeiten fahren, was für einen »Renn«-Fahrer fast unerträglich war. Viele Wagen, die wir zuvor überholt hatten – wie der große Nash-Healey, die Austin-Healey und andere – zogen wieder an uns vorbei, während wir um 500 und schließlich um 1000 U/min unter unserem Limit fuhren. Schon 600 Meter vor der Mulsanne-Kurve nahmen wir das Gas weg, um die Bremsen zu schonen. Vielleicht rettete uns diese Bummelfahrt aber wirklich den Klassensieg, denn die Ölthermometer beider Wagen standen schon seit dem Start auf 140 °. Als Frankenberg neben Herrmann die Ziellinie überfuhr, um die beiden Porsche ex aequo zu placieren, war mir eher zum Weinen als zum Lachen zumute. Mein erstes Rennen in Le Mans hatte keineswegs meinen großartigen Vorstellungen entsprochen.

Für das nächste Jahr, 1954, wurde ich auf Grund von Fahrertesten, die von Alfred Neubauer im Sommer 1953 auf dem Nürburgring veranstaltet worden waren, eingeladen, einen Mercedes 300 SLR der Werksmannschaft zu fahren. Im April wurde mir jedoch mitgeteilt, daß die Wagen nicht fertig wären und ich deshalb aller Verpflichtungen enthoben sei. Sofort schrieb ich an »Lofty« England und John Wyer, die Rennleiter von Jaguar bzw. Aston-Martin. Meine Referenz, von Mercedes wieder freigegeben worden zu sein, brachte mir eine schnelle und positive Antwort von John Wyer ein. Am Vorabend des Meldungstages kam ich spätabends im Hotel de France, dem Aston-Martin-Quartier, in La Chartre-sur-le-Loire an. Man führte mich in das Zimmer eines mir völlig unbekannten Amerikaners, der mein Beifahrer werden sollte. Es war Carroll Shelby: heute kennt ihn die ganze Welt.

Die Wagen waren 2,9 Liter-D. B. 3 S, die im Jahr zuvor nicht viel Glück in Le Mans gehabt hatten, aber später die Jaguar auf englischen Rundstrecken oft schlugen. Jaguar startete 1954 erstmals mit dem vielversprechenden »D«-Modell, während Ferrari drei riesige 4,9 Liter-Wagen mit V-Zwölfzylindermotoren meldete. Gegen diese trat das David Brown-Team mit fünf Wagen an, von welchen unserer praktisch noch das Vorjahresmodell war. Zwei andere Wagen hatten einen neuen Zylinderkopf mit Doppelzündung und eine hübsche Coupé-Karosserie, die aber wegen der steilen Windschutzscheibe den Luftwiderstand nicht unbedingt verringerte (wie kann ein Konstrukteur nur einen solchen Fehler begehen?). Der vierte Wagen war – wie unserer – offen und hatte einen Roots-Kompressor; ihn fuhren Reg Parnell und Roy Salvadori. Der fünfte Wagen war völlig neu, eine vergrößerte Version mit einem 4,5 Liter-V-Zwölfzylindermotor, der im Prinzip aus zwei Aston-Martin-Blöcken entstanden war. Er fuhr als Lagonda, und somit erschien die 1935 siegreiche Marke nach dem Krieg zum ersten Male wieder in Le Mans.

Vom Lagonda hatte man in seinem ersten Rennen nicht viel erhofft. Er hätte aber zu Anfang des Rennens im Kampf der Ferrari und Jaguar mitmischen können, wenn Eric Thompson nicht so schnell gegen die Schutzmauer der »Privatstraße« aufgeprallt wäre und außer Gefecht geraten wäre. Unerwarteterweise hielt der Kompressorwagen am längsten durch. Zu meiner angenehmen Überraschung erwies sich unser Wagen ebenso schnell wie die beiden Coupés und hielt sich im Regen, der fast das ganze Rennen über niederging, sehr gut. Aber was war das? Da leuchteten in der Nacht plötzlich in der Kuppe vor Maison Blanche Warnlichter auf: drei Wagen lagen da zertrümmert im Graben. In der Dunkelheit dauerte es lange, bis ich darunter zwei Aston-Martin erkennen konnte. Als ich zum Tanken an die Boxen kam, war ich mir aber dessen immer noch nicht ganz sicher, denn ich glaubte, darunter ein offenes Fahrzeug erkannt zu haben, seine Nummer gehörte aber einem der Coupés. In Wirklichkeit war es auch eines, aber es war so stark beschädigt, daß vom Dachaufbau nichts mehr zu sehen war. Wie durch ein Wunder blieben die Fahrer der beiden Aston – Jimmy Stewart (der ältere Bruder von Jacky Stewart) und »Bira« (Pseudonym für Prinz Birabongse von Siam) – bei diesem Unfall unverletzt. Sie waren aus ihren Wagen geschleudert worden und konnten den Hergang des Unfalls genau schildern: Der Talbot des ebenfalls unversehrten Meyrat hatte sich auf der rutschigen Bahn gedreht, und die beiden im 180 Kilometer-Tempo folgenden Aston-Martin konnten einfach nicht mehr ausweichen.

Auch für mich war dieser der letzte Boxenhalt. Als ich mich ausruhte, kam Shelby an die Boxe und beklagte sich über ein sonderbares Verhalten des Fahrzeugs. Als man es mit dem Wagenheber anhob, fiel schon beim ersten Schlag auf den Rudge-Verschluß das Rad mitsamt dem Achsschenkel und der Bremstrommel herunter ...

Wir blieben dennoch bis zum Schluß des spannenden Rennens an der Strecke. Nachdem der Regen in der zweiten Nachthälfte aufgehört hatte, fing er in den ersten Morgenstunden wieder an. Dies nutzten Tony Rolt und Duncan Hamilton dazu aus, mit ihrem auf der nassen Straße besser liegenden Jaguar den führenden Ferrari von Froilan Gonzales und Maurice Trintignant richtig zu jagen. Zu ihrem Unglück trocknete aber gegen 10 Uhr morgens die Strecke wieder etwas ab. Sie hatten eineinhalb Runden Rückstand und fast keine Hoffnung mehr, den Ferrari einzuholen, als ungefähr zwei Stunden vor Rennschluß die Wolken über die Strecke krochen. Trintignant kam zum Tanken an die Boxe und übergab den Wagen an seinen argentinischen Co-Piloten, jedoch sprang der durchnäßte Motor nicht mehr an. Es kam in der Ferrari-Boxe zu einer richtigen Panik, zumal sich die Batterie rasch entleerte! Gonzales stieg wieder aus und setzte sich ruhig in die Boxe. Ein Schwarm von italienischen Mechanikern stürzte sich auf den Ferrari, während die Kommissare sich bemühten, die Vorschrift durchzusetzen, wonach nur zwei Mechaniker zugleich am Wagen Hand anlegen dürfen, nicht mehr.

Jedermann bei Jaguar blickte auf den Ferrari, als Rolt mit seinem Wagen hielt und seine verschmutzte Brille gegen ein Regenvisier auswechseln wollte. Man verwies ihn sofort wieder auf die Strecke, ohne ihn auch zu fragen, was er wollte; noch eine Runde, und dann wäre der Ferrari geschlagen. Endlich sprang aber der Ferrari-Motor wieder an, Gonzales sprang in den Wagen, während Rolt, der nichts mehr sehen konnte, auf sich warten ließ. Als er endlich wieder auftauchte und anhielt, verlor Hamilton plötzlich sein britisches Phlegma; statt Rolt das gewünschte Visier zu geben, griff er nach dem eigenen Sturzhelm, zog Rolt aus dem Wagen und fuhr mit durchdrehenden Rädern davon. Seine Bemühungen waren ebenso spektakulär wie nutzlos. Der Ferrari von Trintignant und Gonzales gewann mit 90 Sekunden Vorsprung.

Niemand erfuhr, wie der Ferrari-Motor wieder flott gemacht wurde, und jeder sah den Mechanikerschwarm, der half. Die Organisatoren waren aber zweifellos froh, daß endlich wieder ein französischer Fahrer gewonnen hatte. Jaguar-Chef Sir William Lyons erklärte, daß ihm ein ehrlich erkämpfter

zweiter Platz lieber sei als ein am grünen Tisch zugesprochener erster. Niemand ging also auf die Tatsachen näher ein.
Am Tag nach dem Rennen kündigte mir John Wyer einen Vertrag für die Saison 1955 an, und er hielt sein Wort. Nur 15 Tage nach meiner Vertragsunterzeichnung lud mich Alfred Neubauer in einem Brief erneut ein, einen Mercedes im 24-Stunden-Rennen zu fahren; er versicherte, daß diesmal die Wagen bestimmt fertig würden, und sie wurden es auch. Sie hatten bereits die Mille Miglia und die Targa Florio vor ihrem Start in Le Mans gewonnen. Als ich ablehnte, entschied sich die deutsche Firma für Pierre Levegh, den grauhaarigen Franzosen, der drei Jahre vorher mit seinem alten Talbot den Mercedes 300 SL so zu schaffen gemacht hatte.
Obwohl die Mercedes nur 3 Liter-Achtzylindermotoren besaßen, gaben diese dank der direkten Benzineinspritzung doch 300 PS ab. In Le Mans führten sie eine neue Geheimwaffe ein: die Luftbremse. Diese war eine Flosse, die auf dem Heck senkrecht aufgeklappt werden konnte, wenn der Fahrer ein links von der Kupplung liegendes Pedal trat. Es war Mercedes' Antwort auf die Scheibenbremsen der Jaguar und die 4,5 Liter-Motoren von Ferrari. Gegen diese Übermacht konnten wir mit unseren »kleinen« 2,9 Liter-Aston-Martin nichts ausrichten, obwohl wir nun auch über Scheibenbremsen verfügten. Mein Copilot war diesmal Peter Collins, und als nunmehr routinierte Le Mans-Fahrer trainierten wir möglichst wenig. Wir verzichteten sogar ganz auf das Freitagtraining, denn wir wollten unseren Wagen möglichst wenig beanspruchen. Statt dessen verbrachten wir den Freitag mit

den Mechanikern und überprüften die Vorbereitung unseres Wagens.

Der Start erfolgte bei strahlendem Sonnenschein. Ich hatte Collins den Start überlassen und blieb in der Boxe. Castelotti auf Ferrari kam als erster aus der ersten Runde zurück, wurde aber bald von Hawthorn auf Jaguar und Fangio auf Mercedes eingeholt. Fangio war schlecht gestartet, holte aber phantastisch auf. Es entwickelte sich zwischen Hawthorn und Fangio einer der schönsten Zweikämpfe, die es je in Le Mans gab. Die Fahrer schenkten einander nichts, und einmal war der eine, einmal der andere vorn, und fast bei jeder Runde fiel der Rekord. Schließlich schraubte Hawthorn den Rundenrekord auf 196,963 km/h, und es gingen mehrere Jahre vorbei, bis er geschlagen wurde. Als aber Hawthorn zum Tanken an die Boxe wollte, ereignete sich die schrecklichste Katastrophe im Automobilsport überhaupt. Sie spielte sich vor meinen Augen aber so rasend schnell ab, daß ich die Ereignisse einfach nicht verfolgen konnte. Ich sah nur, daß ein Mercedes mit ca. 230 km/h gegen die linke Sicherheitswand anschlug, durch die Luft flog, in Flammen aufging und auf der Wand – direkt gegenüber unserer Box – als Gluthaufen zerschellte. Daneben lag ein lebloser Körper. Sofort griffen die Feuerwehr- und Rettungsmannschaften ein, während die anderen Wagen langsam an den Boxen vorbeifuhren.

Weder Filme noch Zeugenaussagen ermöglichten eine genaue Rekonstruktion des Katastrophenablaufes. Hawthorn, der nicht direkt in den Unfall verwickelt war und schließlich gewann, wurde später verdächtigt, dessen indirekter und unfreiwilliger Urheber gewesen zu sein. Die folgende gerichtliche Untersuchung wurde jedoch eingestellt. Eine Reihe außergewöhnlicher Umstände trug zu diesem Unglück bei, das 85 Menschen das Leben kostete. Nach Fotos und Aussagen, jedoch vor allem als Rennfahrer, der weiß, was im Kopfe eines Fahrers vorgeht, der an einem großen Rennen teilnimmt, will ich versuchen, mich in die Rolle der Hauptbeteiligten an diesem Drama zu versetzen.

Der Jaguar von Hawthorn und der Mercedes von Fangio hatten soeben die beiden anderen Mercedes überholt, mit denen Levegh und Kling ein abwartendes Rennen fuhren. Hawthorn lag zu diesem Zeitpunkt einige hundert Meter vor Fangio und hatte am Ende der Runde Levegh überholt. Der Abstand des Jaguar zum ihm folgenden Mercedes von Levegh betrug 100 bis 200 Meter, und dicht hinter Levegh fuhr Fangio, der ihn einholte und bald überrunden wollte. In dieser Runde mußte Hawthorn tanken und den Wagen an seinen Copiloten Ivor Bueb übergeben. Um dabei keine Zeit zu verlieren, überholte Hawthorn unmittelbar vor den Boxen den viel langsameren Austin-Healey von Lance Macklin. Direkt nach dem Überholen zog er den Jaguar nach rechts und bremste. Damals existierte die Bestimmung noch nicht, daß Fahrer bei der Boxenanfahrt eine »Boxenspur« benützen müssen, die durch eine gelbe Linie von der eigentlichen Rennstrecke getrennt ist. Sie wurde erst nach dem Le Mans-Unfall auf allen Strecken eingeführt.

Macklin wurde durch das Fahrmanöver von Hawthorn, der seine Bahn abschnitt, überrascht und wich in dem Augenblick scharf nach links aus, als sich Levegh anschickte, ihn mit mehr als 230 km/h entlang der Sicherheitsmauer zu überholen. Der Mercedes traf den Austin-Healey mit voller Wucht, knallte auf das abfallende Heck des englischen Wagens, wurde dabei buchstäblich die die Luft geschleudert und zerschellte an einer Betonmauer. Der dichtauf folgende Fangio konnte dem Mercedes von Levegh nur mit allergrößtem Geschick ausweichen; er umfuhr sowohl den Wagen seines unglücklichen Teamkameraden, der durch die Luft flog, als auch den Austin-Healy, der sich in der Straßenmitte wie ein Kreisel drehte. Nach dem Unfall erklärte Fangio, daß nur ein verzweifeltes Handzeichen von Levegh ihm das Leben gerettet hätte, der das Unvermeidliche auf sich zukommen sah.

Sicherlich hatte das Fahrmanöver von Hawthorn diese fürchterliche Kettenreaktion ausgelöst. Aber es wäre nach meiner Meinung ungerecht, von vornherein zu sagen, daß das Manöver gefährlich oder verwegen gewesen sei. Hawthorn war einer der besten Rennfahrer seiner Zeit und sehr erfahren; ihm hatte niemals jemand einen Fehler oder unvorsichtiges Fahren vorwerfen können. Deshalb bin ich persönlich davon überzeugt, daß sich Hawthorn das Manöver sehr wohl überlegt hatte und es als ungefährlich beurteilt hatte, Macklin noch vor dem Boxenhalt zu überholen. Bestimmt rechnete Hawthorn damit, daß Macklin seine Absicht merken und den bremsenden Jaguar gleich wieder überholen würde. Die Position der Wagen beim Unfall läßt aber vermuten, daß sowohl Macklin als auch Levegh ihre Aufmerksamkeit mehr nach hinten als nach vorn richteten.

Der Jaguar wäre ja grundsätzlich für den langsameren Macklin mit dem Austin-Healey nicht mehr interessant gewesen. Macklin hatte zweifellos den Mercedes von Levegh im Rückspiegel gesehen; also beobachtete er, was hinter ihm vorging, nachdem ihn der Jaguar überholt hatte. Er stand vor der Frage, ob er noch nach links ziehen konnte, um die Kurve unter der Dunlop-Brücke richtig anzuzielen oder ob er wegen des mit hoher Geschwindigkeit sich nähernden Mercedes von Levegh lieber (und für ihn ungünstiger) rechts bleiben sollte, um diesen nicht zu behindern. Seine Konzentration war so sehr nach rückwärts gerichtet, daß er sich einfach nicht vorstellen konnte, daß der Jaguar nicht geradeaus weiter, sondern an die Boxe fuhr. Auch wenn Hawthorn seine Absicht (wie durchaus möglich) mit einem Handzeichen anzeigte, hätte es Macklin wohl kaum gesehen.

Macklin war mit den Vorgängen hinter sich beschäftigt und sah deshalb also nicht den bremsenden Jaguar. Er näherte sich mit fast 185 km/h dem nun nahezu stehenden Hawthorn und mußte deshalb in einem verzweifelten Rettungsmanöver in dem Moment nach links ausscheren, als Levegh auf Mercedes mit viel höherem Tempo vorbeiziehen wollte.

Levegh selbst hätte vielleicht auch noch dem Austin-Healey ausweichen können, wenn er nicht ebenfalls auf die Vorgänge hinter sich geachtet hätte. Aber Levegh setzte bestimmt alles daran, seinen aufkommenden Markenkollegen Fangio beim Überholen nicht zu behindern. Fest steht jedenfalls, daß er die sich vor ihm entwickelnden Geschehnisse zu spät erkannte, nicht mehr ausweichen und lediglich Fangio durch Handheben das Unvermeidliche anzeigen konnte. Jedoch hätte diese Geste selbst für den großen argentinischen Fahrer wohl kaum noch ausgereicht, wenn dieser nicht ohnehin seine volle Konzentration auf die Dinge, die sich vor ihm abspielten, gerichtet gehabt hätte. Fangio erfaßte blitzschnell, was er noch tun konnte, um dieser schrecklichen Katastrophe zu entrinnen.

Nach dem Drama fand das Rennen kaum noch Interesse. Zum Zeichen der Trauer wurden die beiden verbliebenen Mercedes aus dem Rennen genommen. Da außerdem der Jaguar von Rolt und Hamilton nicht mehr einwandfrei lief, lag Peter Collins schließlich an dritter Position, als ich nach einer kleinen Ruhepause in die Boxe zurückkam. Bei erneut einsetzendem Regen holte er in jeder Runde einige Sekunden gegen den von Musso gefahrenen 3 Liter-Maserati auf, der sich in der gleichen Runde befand. Als ich ab morgens 6 Uhr den Wagen wieder übernahm, fühlte ich mich moralisch verpflichtet, diese erfolgreich begonnene Arbeit fortzusetzen. Der Maserati hatte ungefähr zur gleichen Zeit wie unser Aston-Martin gehalten, so daß ich nach einigen Runden wieder Rad an Rad mit dem Maserati fuhr, den jetzt Gino Valenzano fuhr. Mehrere Runden lang lieferten wir uns eine schöne Treibjagd. Der etwas schnellere Maserati überholte mich jedesmal ungefähr in der Mitte der langen Geraden, während ich wiederum im kurvenreichen und rutschigen Streckenabschnitt bis Maison Blanche an ihm vorbeifuhr. Dieses kleine Spiel hielt mehrere Runden an. Endlich gelang es mir, den Italiener vor Maison Blanche etwas früher wieder zu überholen und einen ausreichenden Abstand herauszufahren, um auf der Geraden nicht mehr eingeholt zu werden. Etwas später mußte der Maserati wegen eines Getriebeschadens ausscheiden, was uns den zweiten Platz in der Gesamtwertung und den Sieg in der 3 Liter-Klasse sicherte, deren Rekord wir trotz Regens überboten. Obwohl dieser Erfolg alle Erwartungen bei Aston-Martin übertraf, wurde er dennoch am Abend nach unserer Rückkehr in Le Chartre ohne Begeisterung gefeiert. Auch die Ehre, daß Seine Königliche Hoheit Prinz Bertil von Schweden, ein guter Freund von David Brown, am Abendessen teilnahm, hinderte mich nicht, bei Tisch vor Müdigkeit einzuschlafen!

Die schreckliche Katastrophe von 1955 war ein Schicksalsschlag für den »Automobile Club de l'Ouest«, dessen Strecke schon damals die unbestritten besten Sicherheitsvorkehrungen für die Zuschauer aufwies. Schon bevor der Innenminister neue Sicherheitsnormen festlegte (alle weiteren Rennen dieser Saison in Frankreich wurden inzwischen abgesagt), hatte der A.C.O. begonnen, alle Dauereinrichtungen an der Strecke abzureißen. Die Fahrbahn vor den Boxen wurde verbreitert, die Boxen um einige Meter zurückversetzt, und der Abstand zwischen der Sicherheitsmauer und dem Publikum wurde auf zehn Meter erhöht. Deshalb mußte die ganze Strecke zwischen Maison Blanche und den S-Kurven der Privatstraße aufgerissen und 15 Meter weiter rechts angelegt werden. Die Dunlop-Brücke wurde ebenfalls verlegt und dementsprechend auch die darunter führende Rechtskurve neu trassiert. Der Boxenumbau erforderte außerdem eine neue Versorgungsanlage für Kraftstoff, woran sich Shell und Esso beteiligten. Die hohen Umbaukosten zwangen den A.O.C. zur Aufnahme einer Anleihe, die er noch zehn Jahre später in Raten zurückzahlte.

Damit diese Arbeiten zu Ende geführt werden konnten, verlegte man das 24-Stunden-Rennen von 1956 auf Ende Juli statt Juni. Trotzdem wurde die Strecke erst zehn Tage vor dem Rennen fertig.
1956 wechselte ich in die Jaguar-Mannschaft über, und vor dem Le Mans-Rennen fuhr ich für sie am Nürburgring und – zusammen mit Mike Hawthorn – in Reims, wo wir Zweite wurden. Was Le Mans anbetrifft, hätte ich mir keine bessere Mannschaft aussuchen können. Durch ein neues Reglement trachteten die Veranstalter, das Rennen so ungefährlich wie nur möglich zu machen, aber die Bestimmungen wichen so stark von den internationalen Vorschriften ab, daß dieser Lauf nicht mehr für die Sportwagen-Weltmeisterschaft gültig war. Wie sehr sich die Firmen für dieses Rennen dennoch interessierten, bewies die große Zahl der Nennungen, die nichtsdestoweniger in Le Mans eintrafen. Prototypen wurden nur bis 2,5 Liter Hubraum zugelassen. Aber die Beschränkung galt nicht für »Serien-Sportwagen«, von denen – nach einer Definition des A. C. O. – mindestens 50 Stück existieren mußten. Außerdem begrenzte man das Tankvolumen und schrieb eine Mindestrundenzahl bis zum Nachtanken vor, so daß der Verbrauch auf 25 Liter für 100 km gedrosselt wurde. Das 12-Stunden-Rennen von Reims – bei Jaguar die Generalprobe für Le Mans – hatte aber gezeigt, daß trotz dieser Einschränkungen unsere Wagen fast so schnell wie im Vorjahr liefen. Mit dem Vorteil von 1 Liter mehr Hubraum als alle ihre Gegner (außer den 3 Liter-Aston Martin) waren die Jaguar schon im Training eindeutig die schnellsten.
Mein Teamgefährte war diesmal Dennis Titterington, ein

junger Schotte, der sehr gut fuhr. Es war beruhigend, zu wissen, daß einer unserer Wagen – vielleicht meiner – das Rennen einfach gewinnen *mußte.* Diese Zuversicht sollte mir zum Verhängnis werden.

Damals wurden die Trainingszeiten noch nicht offiziell gemessen. Für den Start stellte man die Wagen vor den Boxen in der Reihenfolge des Hubraums auf. Unsere Jaguar hatten die Plätze 1, 2 und 3 vor den neugebauten, doppelstöckigen Boxen. Diese Positionen hätten auch den Trainingszeiten entsprochen. Hawthorn und Bueb fuhren einen Wagen mit Einspritzmotor, mit dem Hawthorn der Schnellste gewesen war. Die Wagen von Titterington und mir und Fairman und Wharton hatten normale Vergasermotoren. Dank eines neuen Zylinderkopfes und einer vorn verlängerten und günstiger geformten Karosserie waren jedoch alle drei Wagen schneller als ein vierter Jaguar, der von der »Ecurie Ecosse« gemeldet war.

Während des Trainings hatte wunderschönes Wetter geherrscht, aber kurz vor dem Start begann es, fein zu regnen. Drei Minuten vor 16 Uhr stellten sich Hawthorn, ich und Fairman in der Reihenfolge der Wagen in die Kreise, die gegenüber den Boxen auf die Bahn gemalt sind. Meine Augen waren auf Charles Faroux gerichtet, der die Startfahne hielt und zum letzten Mal das Rennen leiten sollte. Vor dem Start hatte er mich auf die Seite genommen und gesagt: »Wir rechnen mit Ihnen, Frère; in diesem Jahr kann nur ein Mann gewinnen, der mit etwas Kopf und einem Jaguar fährt. Hals- und Beinbruch!« Dann senkte er die Fahne, und ich stürzte zum Wagen.

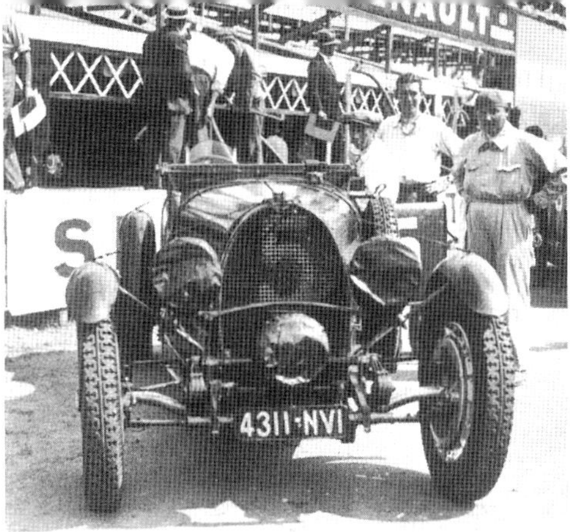

16

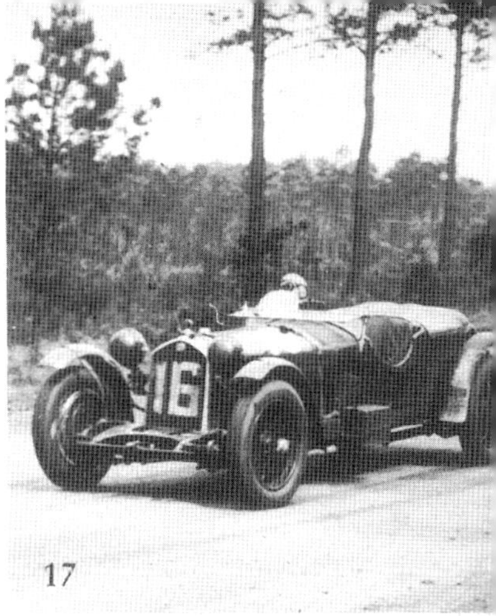

17

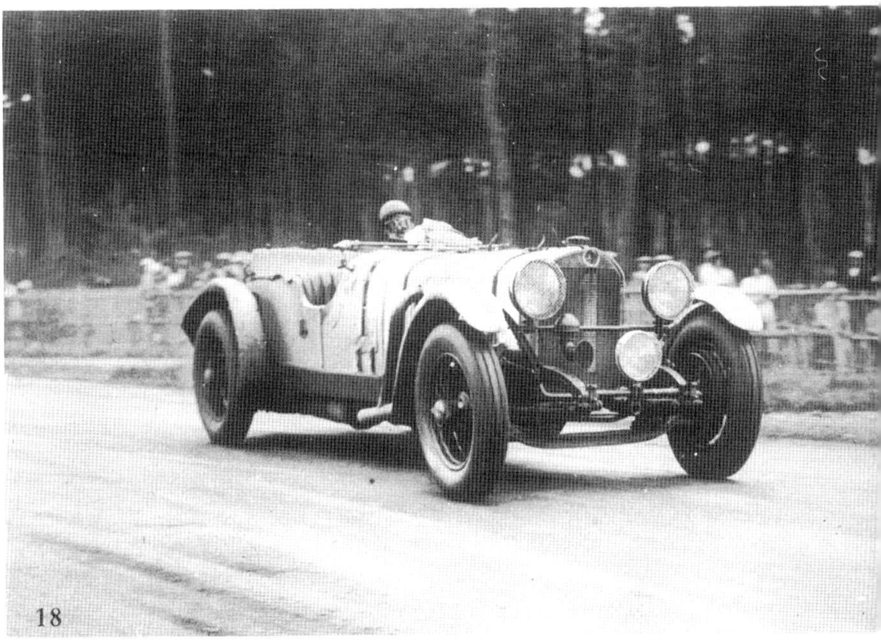

18

16) Die 4,9 Liter-Bugatti mit Kompressor hätten 1931 gewinnen können, wenn sich bei ihnen nicht zahlreiche Reifenpannen eingestellt hätten. Die Fahrer waren bei diesem Wagen Bouriat und Divo (Rol).

17) Die 2,3 Liter-Alfa Romeo mit Achtzylinder-Kompressormotor beendeten mit ihrem Sieg im Jahr 1931 (Fahrer: Lord Howe und Sir Henry Birkin) das »Zeitalter der Lokomotiven«. Es war der erste Sieg von vieren hintereinander (Rol).

18) 1931 trat erneut ein Mercedes an. Diesmal in den privaten Händen von Boris Ivanovsky und Henry Stoffel, die sich mit dem riesigen 7 Liter-Kompressor-Wagen den zweiten Platz holten (Rol).

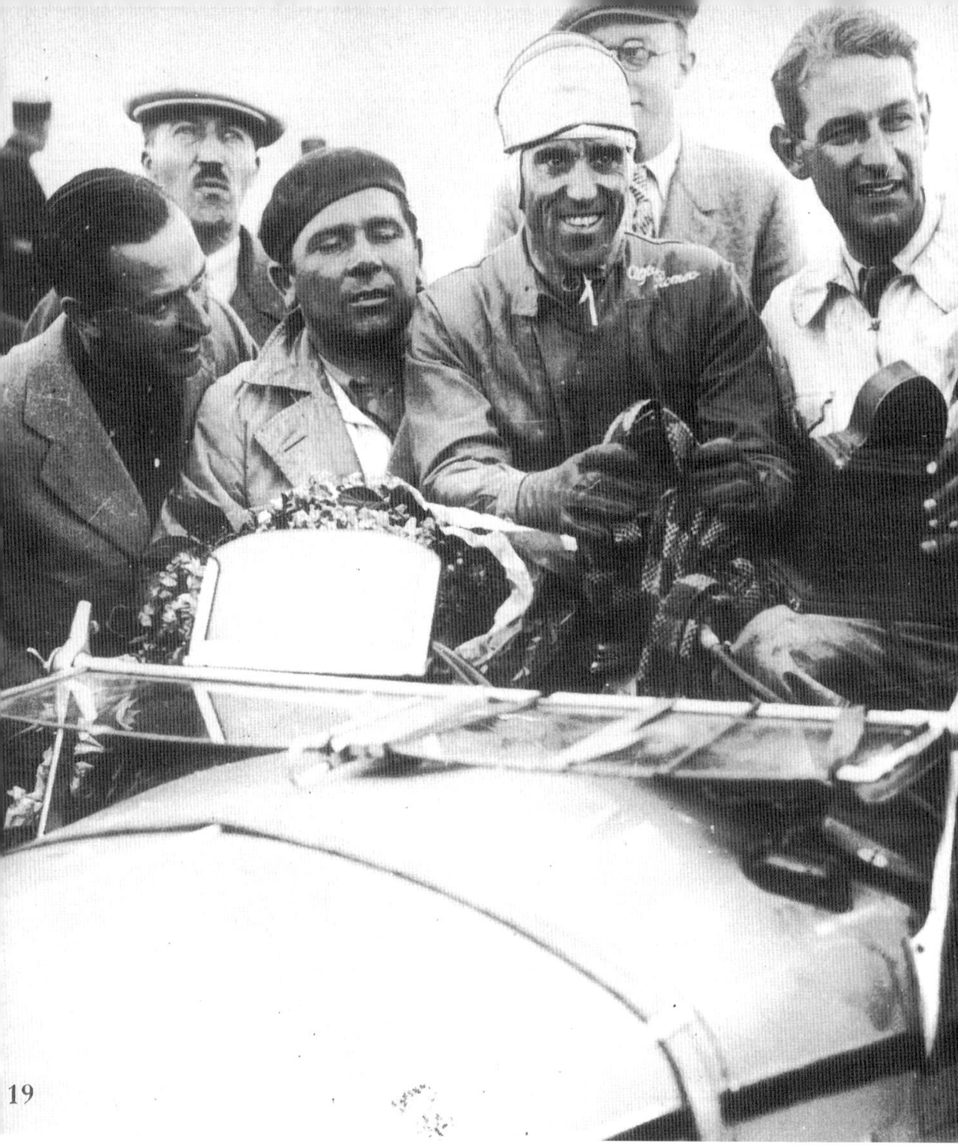

19) Nuvolari und Sommer gewannen 1933 auf Alfa Romeo nicht nur die Gesamtwertung, sondern auch den Coupe Biennale (Rol).

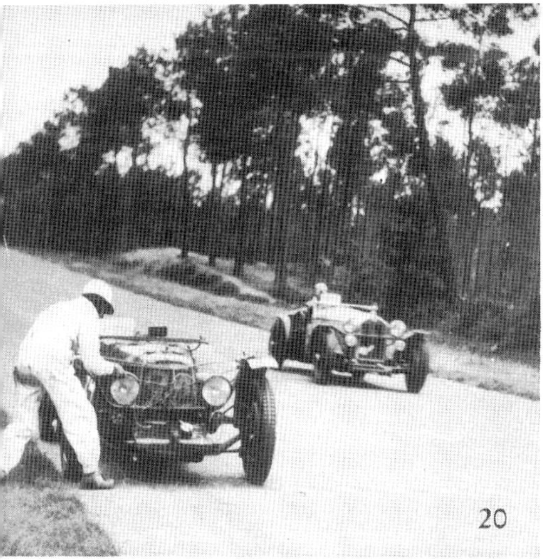
20

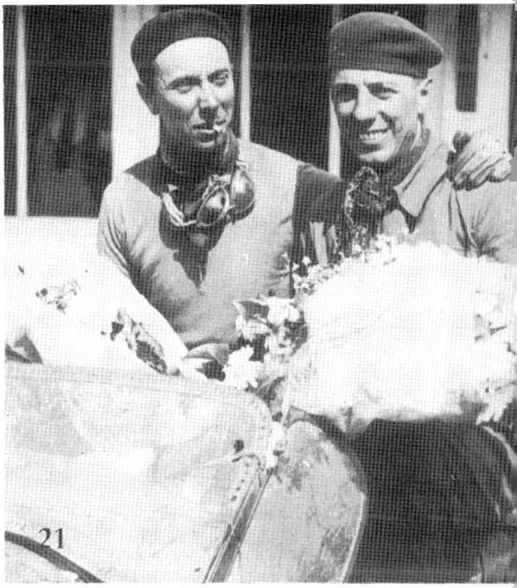
21

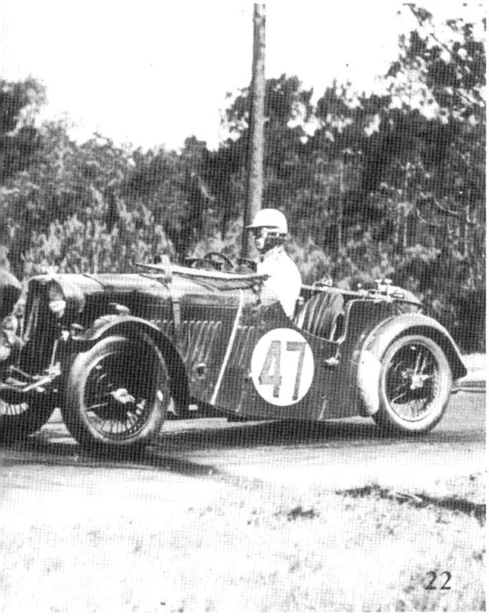
22

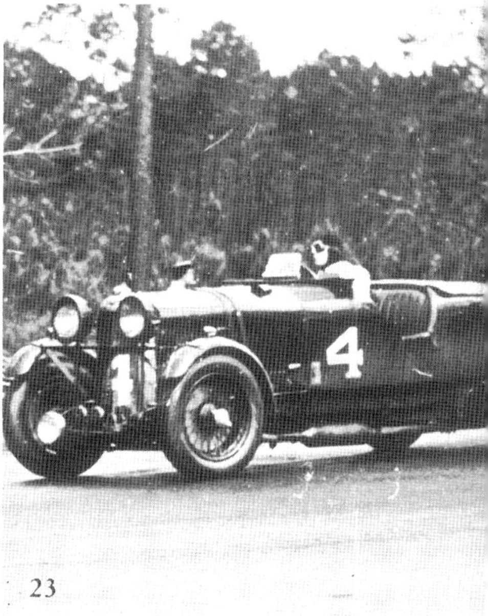
23

20) Während der siegreiche Alfa Romeo von Nuvolari–Sommer vorbeifährt, wird 1933 Bertelli – Konstrukteur und Fahrer dieses Aston-Martin – eines besseren belehrt: Kotflügel halten mit Schnüren besser (The Autocar).

21) Franco Cortese und Gianbattista Guidotti belegten 1932 auf dem 2,3 Liter-Alfa Romeo den zweiten Platz (Autocar).

22) Der komische, kleine Singer von Wisdom–Barnes kam mit 92 km/h Durchschnitt ans Ziel (France-Reportage) . . .

23) . . . und bildete einen reizvollen Gegensatz zum großen 4,5 Liter-Lagonda, der zwar völlig überholt war, aber 1935 dank seiner Gleichmäßigkeit dennoch gewann (Archiv).

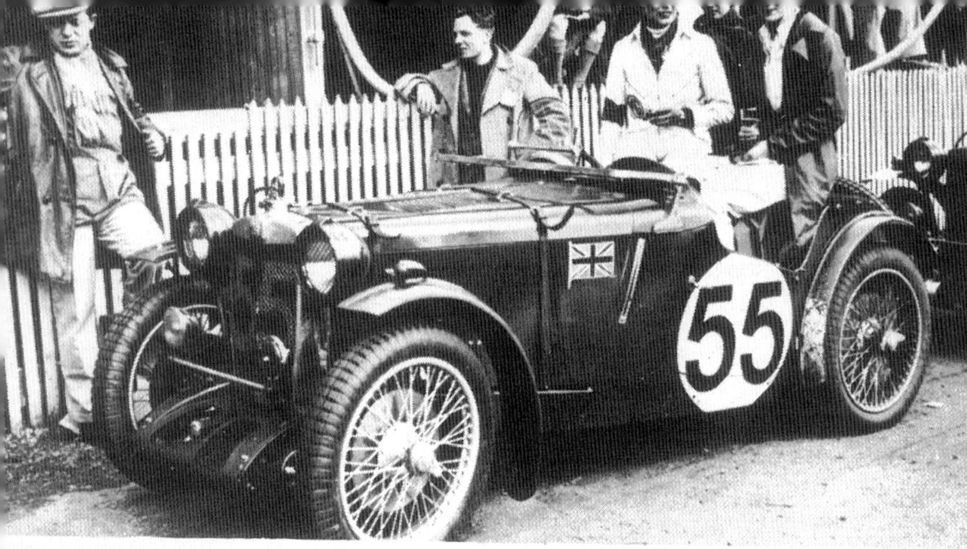

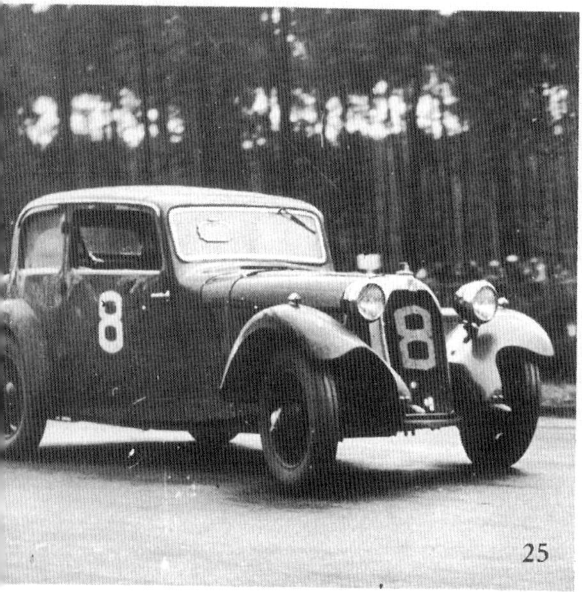

25

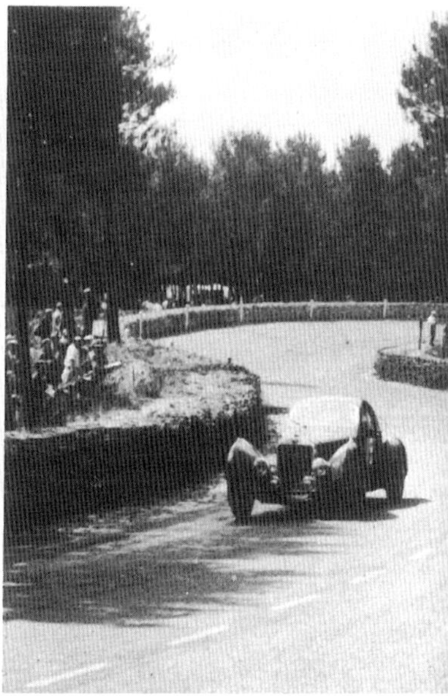

24) Ebenfalls 1935 starteten drei MG PB-Midget mit Damenmannschaften, die vom berühmten Rekordfahrer George Eyston geleitet wurden. Doreen Evans und Dorothy Stanley-Turner fuhren den Wagen Nr. 55. Die »George Eyston Dancing Girls«, wie sie allgemein hießen, beendeten das Rennen mit einem Schnitt von 86 km/h (Archiv).

25) Im gleichen Jahr bestritt dieser serienmäßige 3 Liter-Talbot das Rennen. Der vom Reglement vorgeschriebene Scheibenwischer ist zwar (auf der falschen Seite) vorhanden, aber so unwirksam, daß der Fahrer sich bei Regen lieber auf eine Klappe im Fenster verläßt (Archiv).

26) Der 3 Liter-Delage (Fahrer: de Valance–Gérard) hatte kurz vor dem Rennen im Bois de Boulogne einen Schönheitswettbewerb gewonnen! (Archiv).

Unglücklicherweise wollten alle drei Jaguar-Motoren nicht anspringen, meiner noch weniger als die anderen. Die Sekunden, bis er ansprang, kamen mir wie Stunden vor; Fairman war eben abgefahren. Sofort dachte ich an Reims, wo die drei Jaguar, als sie weit an der Spitze lagen, von der Boxe Anweisung erhielten, die erreichten Positionen unter sich einzuhalten. Nasse Strecken lagen mir gut, und ich machte mich unverzüglich daran, Fairman zu überholen, um vor dem Fahrerwechsel einen möglichst großen Vorsprung herauszuholen. Mike Hawthorn dagegen, den wir alle als Fahrer Nr. 1 ansahen, wollte ich nicht bedrängen. Sollte er aber mit seinem Wagen ausfallen, wollte ich ihn in der Führung ablösen. Das wäre auch bald geschehen, hätte ich zu Beginn der zweiten Runde nicht den größten Fehler meiner Rennfahrer-Laufbahn begangen. Noch in der ersten Runde überholte ich Fairman auf der Kuppe vor Maison Blanche und wollte in der zweiten Runde meinen Vorsprung vergrößern. Das neu gebaute Stück von den Boxen bis Tertre Rouge, das seit seiner Fertigstellung niemals naß gewesen war, war jetzt fürchterlich fett und glatt. Schon in der Startrunde war mir aufgefallen, daß die Räder trotz der langen Achsuntersetzung (um den Kraftstoffverbrauch zu senken) sich am Start durchgedreht hatten. Ich nahm die Kurve unter dem Dunlop-Bogen so schnell ich es vermochte und berechnete das Anbremsen der »S-Kurven« vor Tertre Rouge mit einer guten Sicherheitsspanne. Aber doch noch nicht genug! Kaum berührte ich das Bremspedal, da blockierten schon die Räder. Mit kaum verminderter Geschwindigkeit näherte sich der Wagen der Kurve, und ich wußte sofort, daß ich nie hindurchkommen würde.

Ich konnte nur noch versuchen, das Unglück möglichst zu verharmlosen. Sobald der Wagen in die Kurve ging, stellte er sich quer und traf die Schutzmauer mit dem Heck. Durch den Aufprall drehte sich der Wagen und traf sie auch mit dem Bug.

Der Motor starb ab. Ich befand mich in einer äußerst gefährlichen Lage, da mich die nachfolgenden 50 Wagen dort nicht sehen konnten. Als erster tauchte Fairman an meiner Unglücksstelle auf, versuchte auszuweichen, stellte sich quer und blieb – unbeschädigt – mitten auf der Bahn stehen. Bevor er wieder anfahren konnte, wurde er jedoch vom Ferrari von Alfonso de Portago gerammt, von dem ich glaubte, er sei mein zweites Opfer. Er gestand mir aber später, daß auch er von der extremen Fahrbahnglätte überrascht worden sei und schon am Kurvenanfang den Wagen nicht mehr beherrschte.

Ich war tief erschüttert. Schon nach sechs Rennminuten waren zwei der drei Jaguar, denen der Sieg einfach nicht genommen werden konnte, aus dem Rennen. Ich ließ den Motor an und versuchte, meinen beschädigten Wagen wenigstens an die Boxe zu bringen. Aber schon nach einigen hundert Metern platzte ein Reifen, der an einem Rahmenrohr streifte, und meine Hoffnungen waren dahin. Wenige Minuten später lief auch der Jaguar von Hawthorn nicht mehr rund. Nach mehreren Aufenthalten an der Boxe stellte man ein gebrochenes Einspritzrohr fest. Die lange Reparatur nahm ihm jede Chance auf den Sieg. Niemals war mir so klar gewesen, welch eine gewaltige Bedeutung dieses Le Mans-Rennen für Sportwagen-Hersteller wie Jaguar hat, wie damals, als ich – naß bis auf die Haut – lustlos zur Boxe zurücklief. Ein Sieg bedeutet für eine solche Firma in den kommenden zwölf Monaten eine Steigerung des Wagenverkaufs um mehrere 1000 Stück, die nun wegen eines dummen Fehlers von mir – was bedeutete schon meine Position in den ersten Runden, wenn man 24 Stunden fährt – vielleicht nicht verkauft wurden. In solchen Augenblicken gibt man sich Rechenschaft darüber, daß Autorennen nicht nur Sport und Vergnügen sind, sondern auch große wirtschaftliche Folgen haben können.

Nach diesem Desaster kam nur noch ein Jaguar für den Sieg in Frage: er war von der Ecurie Ecosse gemeldet worden. Ihn fuhren Ron Flockhart und Ninian Sanderson. Freilich war dieser Jaguar nicht ganz so schnell wie die Werkswagen. Der von Stirling Moss und Peter Collins gefahrene Werks-Aston-Martin, starker Regen und rutschige Fahrbahn machten den beiden Schotten viel zu schaffen. Die Führung wechselte immer wieder. Obwohl für mich schon nach sechs Minuten das Rennen beendet war, verspürte ich nicht die geringste Lust, die Strecke zu verlassen. Ich verfolgte vielmehr voller Spannung den Kampf der beiden Schotten. Nur sie konnten für Jaguar und für mein Gewissen die Lage noch retten. Jedes Mal, wenn der Regen stärker einsetzte, stieg auch meine Angst. Würde einer der beiden nicht auch irgendeinen Fehler begehen, ausrutschen und Jaguar die letzte Siegchance nehmen? Endlich entschied sich am Sonntagnachmittag der Kampf zugunsten des Jaguars, als bei Aston-Martin Getriebeschwierigkeiten auftauchten. Als Charles Faroux für die Sieger die Zielflagge schwenkte, war ich fast so glücklich wie diese.

Fürs nächste Jahr, als sich die Gemüter über die Katastrophe von 1955 wieder beruhigt hatten, wurde das Reglement des 24-Stunden-Rennens wieder dem der übrigen Langstreckenrennen angepaßt. Die Begrenzungen für Hubraum und Kraftstoffverbauch galten also nicht mehr. Ich startete wieder mit einem Jaguar D, ein Privatwagen der belgischen »Equipe National Belge«, der freilich nicht so ganz den neuesten Entwicklungen entsprach wie der Werkswagen des Vorjahres. Jaguar selbst wurde durch die Ecurie Ecosse vertreten und hatte für diese ein 3,8 Liter-Modell mit Einspritzmotor vorbereitet, während die übrigen Wagen unverändert blieben. Für mich bot dieses Rennen, in dem Freddy Rousselle mein Copilot war, vor allem eine Gelegenheit, »Lofty« England (Rennleiter von Jaguar) Abbitte zu leisten. Ich hatte nicht nur das vorjährige Le Mans-Rennen gutzumachen, sondern hatte auch einen auf dem Nürburgring zertrümmerten Wagen auf dem Gewissen. Allerdings waren unsere Siegchancen angesichts der starken Gegner praktisch gleich null. Zur Konkurrenz gehörten nicht nur die zwei werksbetreuten Jaguar der Ecurie Ecosse, sondern auch zwei bullige 4,5 Liter-Maserati von Moss–Schell und Behra–Simon, vier V 12-Ferrari (davon drei Wagen mit etwa 4 Liter Hubraum und ein kleinerer Wagen des späteren berühmten 3 Liter-»Testa Rossa«), ein 4,5 Liter-V-Zwölfzylinder Lagonda und drei Aston-Martin. Letztere waren ein 3,7 Liter- und vor allem zwei 3 Liter-DBR 1, die leichter und handlicher waren als die alten DB 35. Sie verfügten über ein mit der Hinterachse verblocktes Fünfganggetriebe und waren sehr ernst zu nehmen.

Schon nach acht Stunden war die italienische Streitmacht aus dem Rennen. Nur der kleinste Ferrari, gefahren von Gendebien und Trintignant, hatte auf dem vierten Platz noch Chancen. Etwas später rückte er sogar auf den dritten vor, denn kurz nach Mitternacht gab es in der Tertre Rouge-Kurve großes Hallo: der von Maglioli bis dahin sehr gut gefahrene neue Porsche RSK stand mit eingedrückter Frontpartie quer in der Kurve. Vor ihm hatte der an zweiter Stelle liegende 3 Liter-Aston-Martin unter Tony Brooks die Kurve verfehlt, und er war vom Porsche gerammt worden. Die Fahrer wurden ohne ernste Verletzungen geborgen, die Wagen freilich waren nicht mehr fahrfähig. Das festigte die Führungsposition des Jaguar von Flockhart-Bueb, und wir rückten auf den vierten Platz vor. Gegen Ende der Nacht fiel der Ferrari wegen eines Ventilbruches aus. Das brachte uns vor dem zweiten Jaguar der Ecurie Ecosse mit Sanderson und Lawrence, den wir inzwischen überholt hatten, auf den zweiten Platz. Leider blieb Freddy Rousselle wegen eines Schadens am Zündverteiler 55 Minuten auf der Strecke liegen, was uns auf den sechsten Platz zurückwarf. Danach gingen wir aufs Ganze, überholten einen Porsche und den letzten der Werks-Ferrari, der mit Bremsschwierigkeiten zu kämpfen hatte; erst im nächsten Jahre ging Ferrari zu Scheibenbremsen über. Als Vierte vervollständigten wir einen Triumph für Jaguar, dessen Wagen auf die ersten vier Plätze kamen. Wieder einmal setzte sich beim 24-Stunden-Rennen ein technisch schon überholter, aber gründlich entwickelter Wagen gegen modernere, aber weniger zuverlässige Konstruktionen durch. Mit dem fünften Sieg zog Jaguar mit Bentley gleich. Beide werden aber heute von den neun Ferrari-Siegen (davon sechs hintereinander) in den Schatten gestellt.

Die beachtlichen Porsche-Erfolge von 1957 in der Konkurrenz wesentlich stärkerer Wagen ließ auf – für die damalige Zeit – außergewöhnlich gute Fahreigenschaften schließen. Dies zog mich an, und ich bemühte mich darum, für 1958 einen Porsche in Le Mans zu bekommen. Obwohl ich natürlich wußte, daß mit 1500 oder 1600 ccm der Gesamtsieg nicht zu holen war, wenn auch die F. I. A. nunmehr den Hubraum auf 3 Liter begrenzt hatte. Huschke von Hanstein entsprach sofort meinem Wunsch und so kam ich fünf Jahre nach meinem ersten Le Mans-Start wieder in die Porsche-Mannschaft. Mit Edi Barth zusammen steuerte ich einen 1500 ccm-RSK. Zur Mannschaft gehörten außerdem zwei 1600 ccm-RSK mit Jean Behra und Hans Herrmann sowie von Frankenberg und Claude Storez, außerdem ein 1500 ccm-RS, gefahren vom riesigen Holländer Carel Godin de Beaufort und Herbert Linge.

Sowohl im Training als auch im Rennen selbst herrschte 1958 schlechtes Wetter. Ich fand dabei meine vor zwei Jahren verlorengegangene Sicherheit auf glatter Strecke wieder. Vom Training abgesehen, fuhren wir 15 der 24 Stunden im Regen. Barth startete bei sonnigem, aber gewitterschwülem Wetter. Ich hatte ihn kaum abgelöst, als die Wolken zusammenbrachen. Natürlich hatten alle Porsche gerade in diesem Jahr offene Karosserien! Das Wasser bildete vor mir eine regelrechte Wand, die Sicht wurde so schlecht wie bei dichtem Nebel, und ich konnte den Straßenrand teils überhaupt nicht sehen. Plötzlich entdeckte ich, daß ich, kaum 100 km/h schnell, ganz auf der linken Straßenseite vor den Boxen war. Ich ging also wieder nach rechts, und wie eine Bombe schoß Duncan

Hamilton mit seinem Jaguar links an mir vorbei. Wie er bei so schlechter Sicht so schnell fahren konnte, wird mir immer ein Rätsel bleiben. Wäre ich fünf oder sechs Sekunden länger links geblieben, hätte er mich bestimmt mit voller Wucht gerammt, denn sehen konnte er mich bestimmt nicht!

Es gab Unfälle am laufenden Band. Mairesse – zum ersten Mal in Le Mans fahrend – kam zwischen Mulsanne und Arnage mit dem Ferrari der Equipe National Belge von der Strecke ab; »Mary« – im Vorjahr zusammen mit Jean Lucas noch Dritter – geriet hinter der Dunlop-Brücke ins Schleudern, als so viel Wasser auf der Strecke war, daß ein Aquaplaning-Effekt eintrat. Der Wagen prallte auf die Barrieren, überschlug sich und tötete seinen Fahrer. Andere fuhren in die Trümmer hinein. Der Regen ließ während der ganzen Nacht kaum nach. Die Fahrerwechsel erfolgten jeweils erst nach mehr als 30 Runden, was unter den herrschenden Witterungsbedingungen 2½ Stunden entsprach. Ich war so durchnäßt, und mir war so kalt (denn die Wärme des hinter mir liegenden Motors erreichte mich nicht), daß ich glaubte, nicht bis ans Ende durchhalten zu können. Aber ein zusätzlicher Boxenaufenthalt hätte Zeit gekostet, und wir durften keine verlieren, denn von Beaufort und Linge folgten dichtauf. Der Porsche von Frankenberg's war bei einem Zusammenstoß auch ein Opfer des schlechten Wetters geworden. Sonntag früh war die Straße immer noch so naß und verölt, daß schon wenige Runden nach dem Fahrerwechsel die Windschutzscheibe und mein Regenvisier ganz undurchsichtig geworden waren. Erst am späten Vormittag hörte der Regen auf. Vorher gab es jedoch noch einen fürchterlichen Guß, den Duncan Hamilton ausnutzen wollte, den führenden Ferrari von Gendebien–Hill einzuholen. Seine Anstrengungen nützten aber nichts, denn schließlich geriet auch er von der Strecke. So rückten wir auf den vierten Platz auf, mit zwei oder drei Runden Vorsprung vor dem 1500 ccm-Porsche von Beaufort–Linge und zwei Runden Rückstand auf den 1600 ccm-Porsche von Behra–Herrmann, der kurz darauf zum Auswechseln der vorderen Bremstrommeln und -backen hielt.

Wir hätten bei dieser Gelegenheit auf den dritten Platz vorrücken können, aber Huschke von Hanstein meinte, es sei besser, wir versuchten die beiden Wagen »ex aequo« auf den 3. Platz zu bringen. Ich wurde aber von unserem Signalposten bei Mulsanne so schlecht über Behras Position informiert, daß ich auf ihn wartete, statt ihn einzuholen, so daß, als beide Wagen zugleich durchs Ziel gingen, unserer eine Runde im Rückstand lag. Wir erfuhren es aber erst nach unserer Ankunft, und weder Barth noch ich waren davon begeistert, denn wir hätten leicht den für einen 1500 ccm-Wagen sensationellen dritten Platz einnehmen können. Das Ergebnis hätte bestimmt anders ausgesehen, wenn wie im vergangenen Jahr mein Cousin als Signalposten fungiert hätte, der mit Stoppuhr und Rundentabelle immer unsere Position genau kannte und uns in jeder Runde entsprechende Hinweise gab. Auch trotz diesem Fehlgriff siegten aber die beiden Porsche in ihrer jeweiligen Klasse bis 1,5 und bis 2 Liter Hubraum. Die beiden ersten Plätze fielen an Olivier Gendebien und Phil Hill auf Ferrari und an den Aston-Martin der sympathischen Halbbrüder Peter und Graham Whitehead. Ihr Wagen war kein anderer als der alte DB 3 S

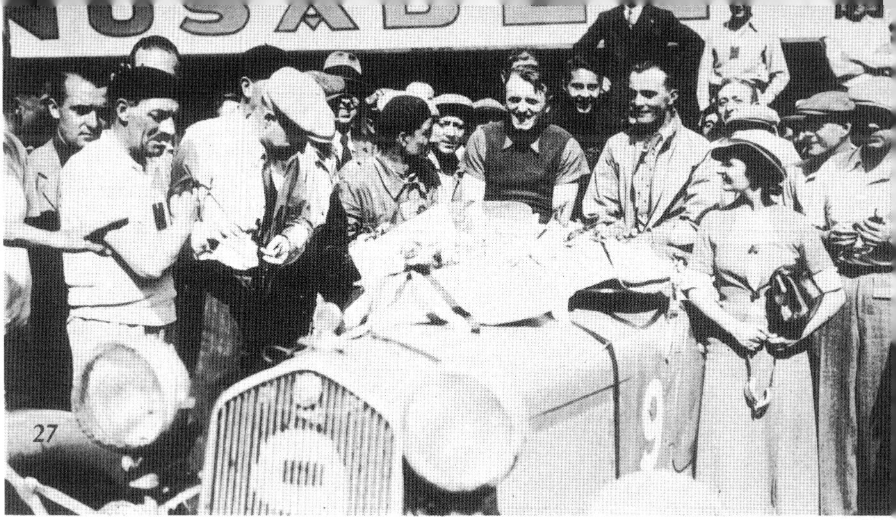

27

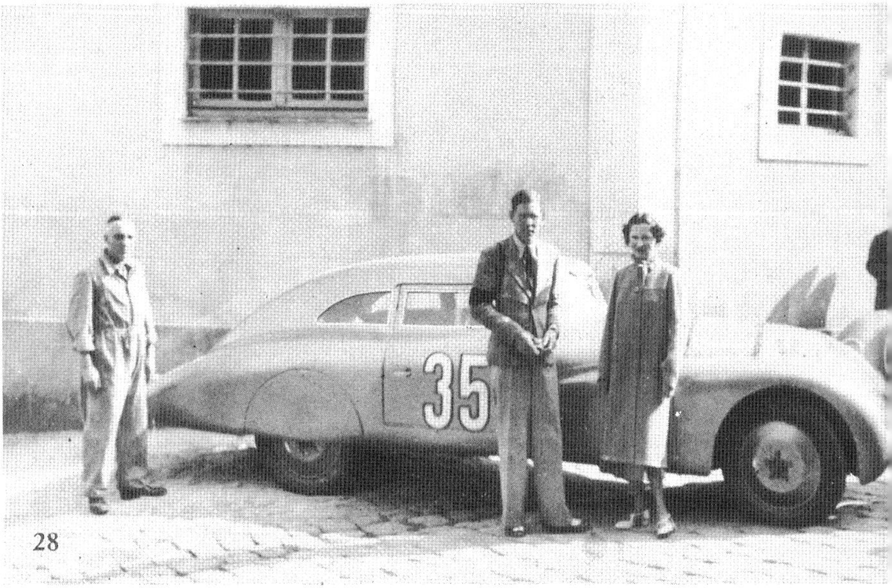

28

27) Der unerwartete Sieger des Rennens im Jahr 1934: Philippe Etancelin; er schien wegen seines aufbrausenden Temperaments überhaupt nicht für Langstreckenrennen geeignet zu sein. Sein Copilot war der fähige und ausgeglichene Luigi Chinetti. Bei jedem Boxenaufenthalt wurde der lecke Tank ihres Alfa Romeo mit Kaugummi abgedichtet (Rol).
28) Die Adler waren 1937 die bemerkenswertesten Wagen in Le Mans. Einen fuhren Anne Itier und Huschke von Hanstein (Lafay).

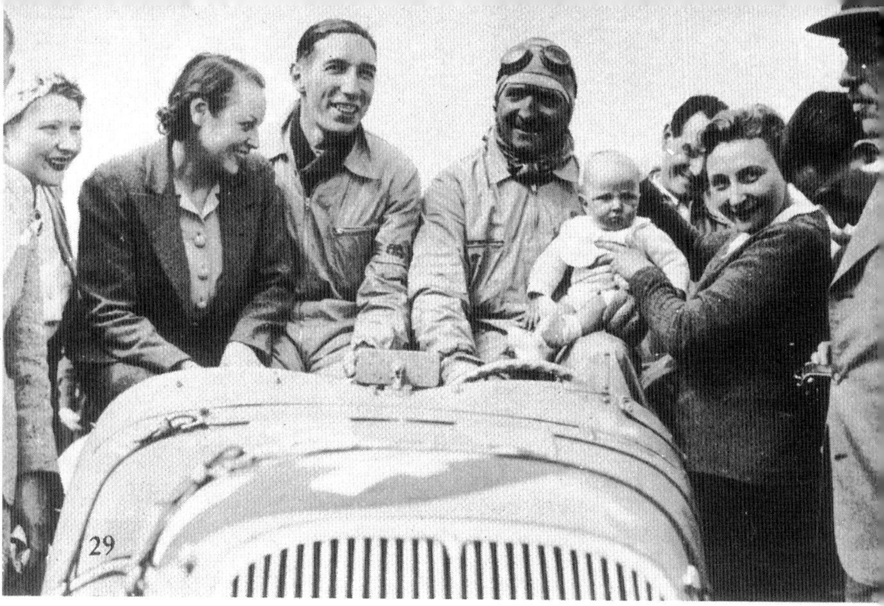

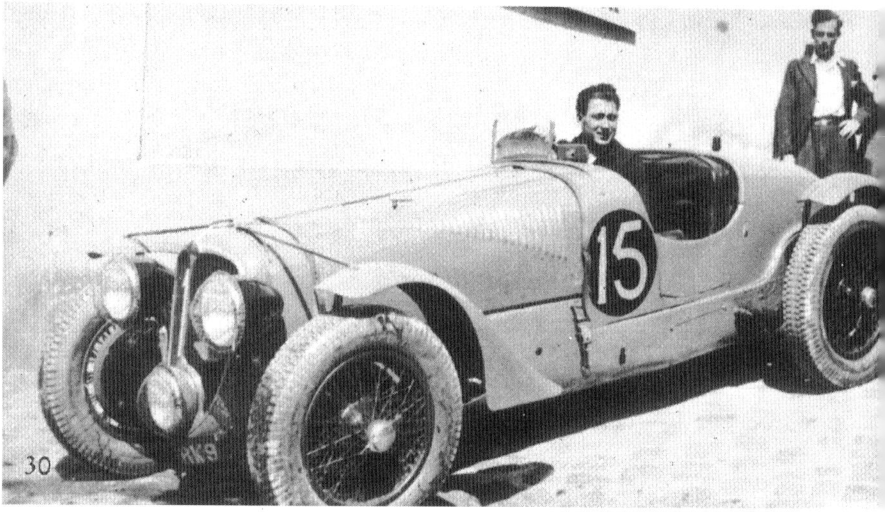

29) Die von Darl'Mat vorbereiteten 2 Liter-Peugeot »402 Légère« fuhren 1937 und 1938 schöne Rennen. Der hier abgebildete Wagen wurde 1938 Fünfter in der Gesamtwertung, gefahren von Charles de Cortanze (rechts) und Marcel Contet. André de Cortanze (in Windeln) fährt heute selbst in Le Mans (Lafay).

30) Im gleichen Jahr fiel der Gesamtsieg an Eugène Chaboud und Jean Trémoulet (im Wagen) auf einem Delahaye 135 mit 3,5 Liter-Sechszylinder-Stoßstangenmotor (Archiv).

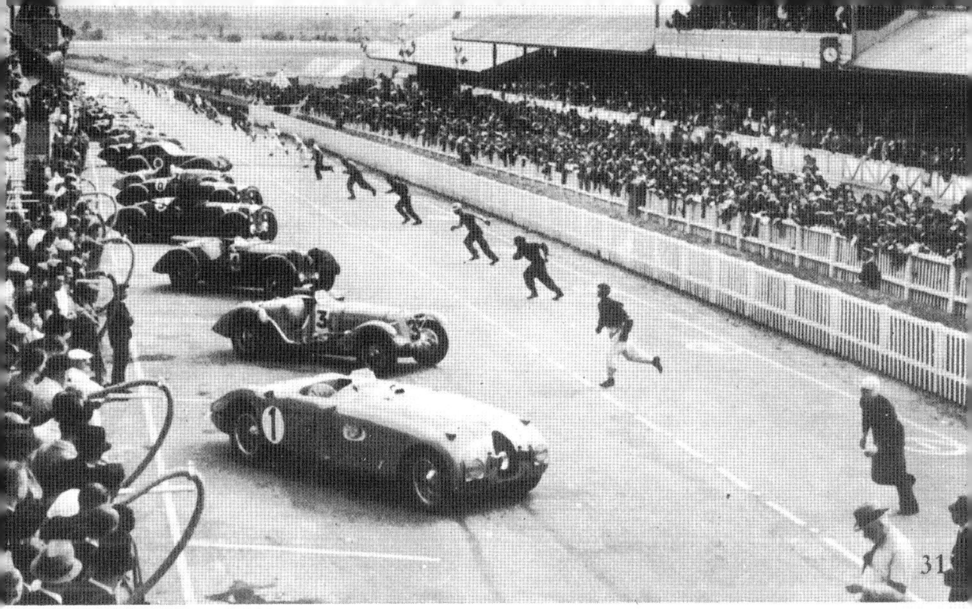

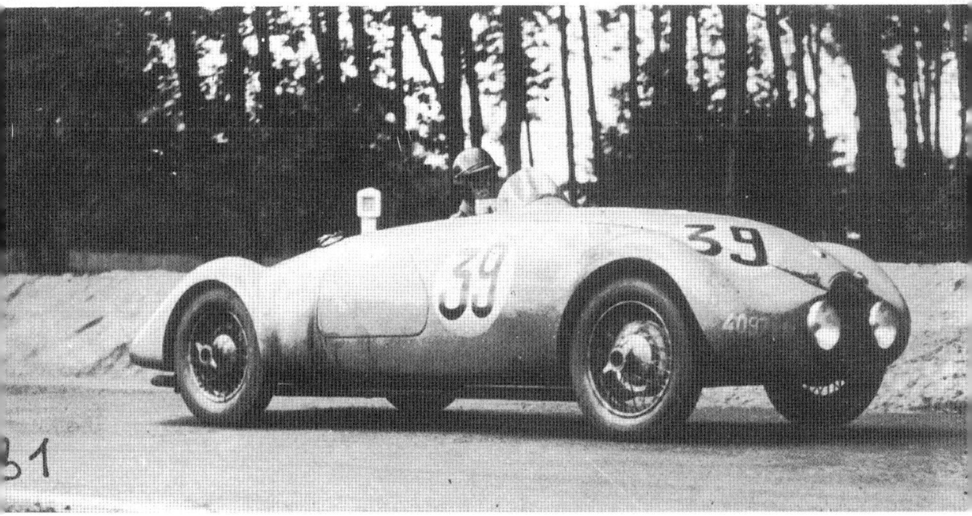

31) Der Start beim letzten 24-Stunden-Rennen vor dem Krieg, 1939. Ganz vorn der 3,3 Liter-Kompressor-Bugatti 57 C der Sieger J. P. Wimille und P. Veyron. Hinter ihm stehen zwei Talbot und zwei Lagonda. Im Vordergrund erkennt man Charles Faroux (mit Hut), den Schöpfer und Leiter des Rennens (Archiv).

32) Amédée Gordini am Lenkrad des Simca-8 (Fiat 1100-Lizenz), den er im gleichen Jahr zusammen mit José Scaron fuhr. Mit mehr als 120 km/h Schnitt holten sie sich den Coupe Biennale und den Sieg in der Indexwertung (Archiv).

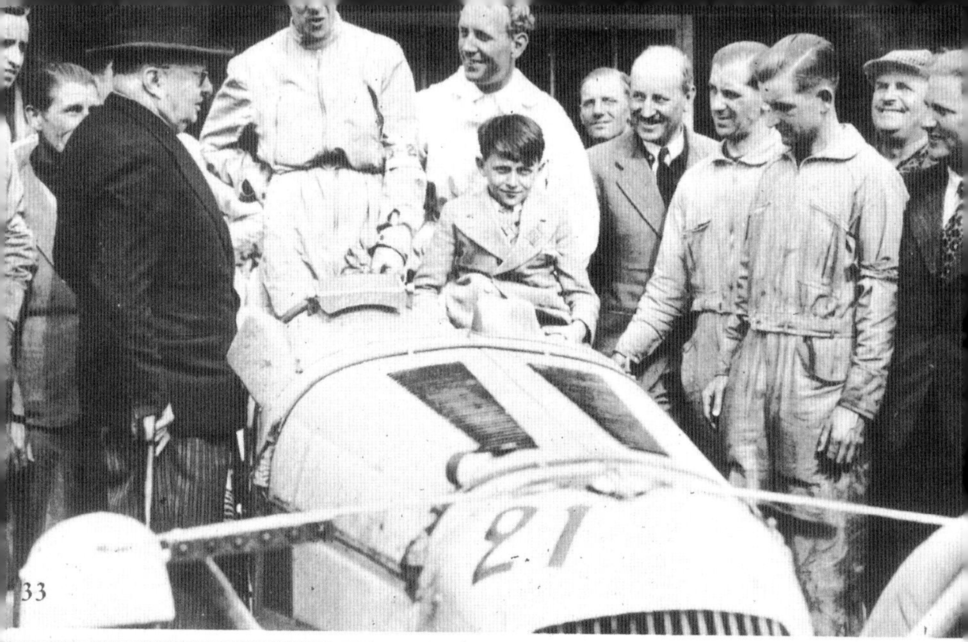

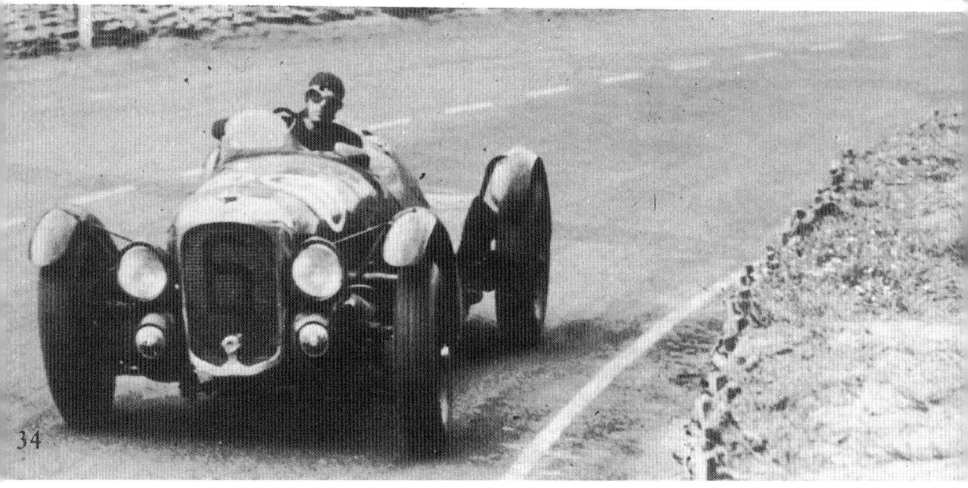

33) Während der ersten 20 Stunden blieb der von Louis Gérard (rechts) und Georges Monneret hervorragend gefahrene 3 Liter-Delage mit Stoßstangenmotor mit bis drei Runden Vorsprung vor dem Bugatti von Wimille–Veyron. Wegen einer gebrochenen Ventilfeder fielen sie zurück, wurden aber dennoch Zweite (Lafay).
34) Lord Seldson am Steuer eines 4,5 Liter-Zwölfzylinder-Lagonda (Archiv).

(Kennzeichen 62 EMU), mit dem Peter Collins und ich schon 1955 Zweite wurden!
1959 fuhr ich zum dritten Mal mit einem Aston-Martin. Die englische Firma hatte seit 1930 kein 24-Stunden-Rennen ausgelassen und seit 1949 vergeblich versucht, die Gesamtwertung zu gewinnen. Mit dem DRB 1, der schon die Grenze seiner Entwicklung erreicht hatte, spielte sie nun ihren letzten Trumpf aus. Die Ferrari waren den Aston-Martin in Leistung und Geschwindigkeit überlegen. Jedoch konnten diese – wie zwei Jahre zuvor die Jaguar – ihre Standfestigkeit und ihre perfekte Vorbereitung ausspielen. Eine perfekte Team-Disziplin und gute Rennregie verhalfen ihnen zum Sieg.
Einer der Angelpunkte im Plan von John Wyer war Stirling Moss, dem man – so wird (wohl nicht zu Unrecht) gesagt – ein Vermögen geboten hatte, damit er einen Aston-Martin fuhr. Keiner der anderen Aston-Martin-Fahrer konnte an die Zeiten der härtesten Gegner, der Ferrari, herankommen. Vom Start an übernahm aber Moss in der Rolle des Hasen die Spitze, er legte ein für diese Zeit höllisches Tempo vor (mit Rundenzeiten um vier Minuten), so daß die Ferrari-Fahrer ihre letzten Reserven einsetzen mußten. Obwohl Jack Fairman, der Stirling Moss ablöste, dieses Tempo niemals halten konnte, hatte diese Taktik dennoch Erfolg. Nach einigen Stunden schied zwar der schnellste Aston-Martin mit gebrochenem Ventil aus, jedoch auch schon ein Werks-Ferrari (Allison–da Silva Ramos), während der kurzzeitig führende Ferrari von Behra–Gurney in der Nacht mit Kupplungsschaden aufgeben mußte. Die beiden anderen Aston-Martin, die sich strikt an den Zeitplan von 4 Minuten 15 Sekunden,

bzw. 4 Minuten 20 Sekunden pro Runde gehalten hatten, lagen im Morgengrauen des Sonntags nur an zweiter und dritter Stelle hinter dem letzten Werks-Ferrari (von Phil Hill und Olivier Gendebien) an der Spitze. Der viel schnellere Ferrari führte mit drei Runden Vorsprung und vergrößerte diesen, ohne daß wir seine Überlegenheit gefährden konnten, bis er gegen 11 Uhr vormittags einmal, dann wieder an die Boxe fuhr, um schließlich mit rauchendem Motor endgültig aufzugeben. Nun lagen unsere beiden Aston-Martin an der Spitze; man wies uns an, das Tempo radikal zu verlangsamen und die bezogenen Positionen einzuhalten. Der von Roy Salvadori und Carroll Shelby gefahrene Wagen kam als erster ins Ziel vor dem meinigen, den ich in den letzten drei Stunden lenkte. Mein Copilot Maurice Trintignant hatte sich am heißen Gaspedal den Fuß so verbrannt, daß für ihn das Fahren zur Qual wurde und er mich nicht mehr ablösen konnte.

Die Aston-Martin waren sicherlich nicht die besten, aber eine geschickte Regie hatte sie zum Siege geführt.

1960 nahm ich zum letzten Mal an diesem Rennen teil. Zweimal hatte ich den zweiten Platz erreicht, nun wollte ich einmal gewinnen. Ich war fest entschlossen, so lange in Le Mans zu starten, bis es mir gelang. Meine Beziehungen zu Enzo Ferrari und seiner Mannschaft, für die ich mehrmals schon in Formel I- und GT-Rennen gefahren war, waren immer gut geblieben. 1960 schien kein anderer Wagen als ein Ferrari Siegchancen zu haben. Durch Vermittlung der Equipe National Belge schlug ich mich dem »Zauberer« von Maranello als Copilot für Gendebien vor. Er willigte sofort ein.

Wenn im Vorjahr Aston-Martin wegen der guten Regie gewonnen hatte, so schaffte Ferrari 1960 den Sieg trotz einer schlechten. Der Kraftstoffverbrauch zum Beispiel war so schlecht berechnet worden, daß zwei der vier Werkswagen – von Taffy, von Trips und Ludovico Scarfiotti gefahren – vor dem ersten Halt mit leerem Tank stehenblieben. Auch Olivier kam mit einem schon seit mehreren Kilometern stotternden Motor an, als ich ihn ablöste. Ohne Zweifel befanden sich die stärksten Gegner in unserer eigenen Mannschaft, auch wenn uns gerade ein äußerst strömungsgünstig verkleideter Vierzylinder Maserati mit Masten Gregory vom Start weg davongefahren war. Niemand ließ sich jedoch aus der Fassung bringen, und siehe da: schon beim ersten Tanken stellte sich ein Anlasserdefekt ein und der Maserati verlor dadurch viel Zeit, bevor er endgültig ausschied.
Eines unserer größten Probleme war die neue, vom Reglement vorgeschriebene Windschutzscheibe mit 25 cm Höhe. Die Scheibenform ließ die Wassertropfen nur schlecht abrinnen, und es gab damals noch keinen für hohe Geschwindigkeiten wirklich ausreichenden Scheibenwischer. Ein Platzregen im Training hatte mir bereits gezeigt, daß dieses Problem bis zum Rennen nicht mehr zufriedenstellend zu bewältigen war. Wir beschränkten uns deshalb darauf, so viele Sitzkissen mitzunehmen, daß wir bei einem eventuell einsetzenden Regen über die Scheibe hinweg sehen konnten. Wir taten gut daran, denn kaum hatte ich Gendebien abgelöst, als ein bis Mitternacht dauernder Regen einsetzte. Ihm hatten wir es zu verdanken, daß wir zum zweiten noch im Rennen befindlichen Werks-Ferrari von Richie Ginther und Willy

Mairesse und den Ferrari des North American Racing Team, gefahren von Pedro Rodriguez und André Pilette, einen Vorsprung herausfuhren, der für unseren Sieg ausschlaggebend war. Dieser erschien uns freilich erst dann sicher, als Ginther morgens um 7 Uhr wegen einer gebrochenen Kardanwelle ausfiel.

Nichts ist nervenzermürbender, als wenn der Sieg in greifbarer Nähe erscheint, man aber noch mehrere Stunden fahren muß, bevor die Schlußflagge fällt. Seit 7 Uhr morgens hatten wir drei Runden Vorsprung auf den nächsten Ferrari von Rodriguez und Pilette, die sich mit dieser Position abgefunden hatten und auf Ankommen fuhren.

Wir mußten nur noch ans Ziel kommen, um dieses 24-Stunden-Rennen zu gewinnen. Je mehr wir uns dem Sieg näherten, desto unruhiger wurde ich. Wenn ich mir auch überlegte, daß wir ihn kaum mehr verfehlen konnten, wußte ich doch, daß im Vorjahr Gendebien und Hill mit einem fast identischen Wagen doch noch ausgefallen waren, als ihr Sieg unanfechtbar erschien.

Wir wollten den Wagen schonen, konnten aber nicht mehr als 15 Sekunden unter der für unseren Ferrari bestmöglichen Rundenzeit bleiben, weil sonst Rodriguez und Pilette sehr wohl hätten aufholen können. Zum Glück waren Olivier und ich uns vom Anfang an darüber einig, daß wir auch im ärgsten Kampf unseren Wagen nie zu hart behandeln wollten, und er lief nach wie vor wunderbar. Seit dem Start mußten nur die Beläge der Scheibenbremsen ausgewechselt werden. Der Motor drehte auf der Geraden immer noch seine 7200 U/min im fünften Gang, aber um die Schmierung der Zylinder zu unterstützen, nahmen wir jetzt zweimal kurz das Gas weg. Getriebe und Kupplung waren wie neu. Statt bis 7500 U/min ließen wir den Motor in den unteren Gängen jedoch vorsichtshalber nur 6800 bis 7000 U/min drehen und blieben bei »Maison Blanche« und der Geraden vor den Tribünen im fünften Gang. Trotzdem machten wir uns Sorgen. War das Motorgeräusch wirklich normal? Hatte die Kupplung nach dem Schalten nicht ein bißchen gerutscht?

Wir waren müde. Der Regen hatte das Rennen sehr anstrengend gemacht, und nun brannte mir an diesem schwülen Sonntagmorgen die Sonne in die Augen. Olivier und ich waren in der Nacht jeweils zwei Abschnitte hintereinander gefahren, ohne uns abzulösen, damit inzwischen der andere sich wenigstens zwei Stunden in dem von der Firma Shell eingerichteten Schlafsaal ausruhen konnte. Aber ich konnte nicht schlafen. Jedes Mal, wenn die Stimme des Ansagers Georges Fraichard im Lautsprecher ertönte, spitzte ich die Ohren: lief der Ferrari Nr. 11 immer noch? Lag er immer noch vorn? In den anderen Jahren konnte ich immer schlafen, aber damals lag mein Wagen auch nicht in Führung . . .

Kurz vor Mittag übergab mir Olivier den Wagen mit den Worten: »Sei sehr vorsichtig, ich habe das Gefühl, in der Kraftübertragung eine anomale Vibration zu spüren.« Ich fuhr los und lauschte, ohne jedoch das geringste Übel wahrzunehmen. Aber wenige Stunden zuvor war Ginther wegen eines Schadens an der Kraftübertragung stehen geblieben und hatte erzählt, er hätte vorher eine Vibration gespürt. Olivier hatte sich nur eingeredet, daß wir das Opfer einer solchen Panne werden würden. Ich hörte dagegen ein abnormales Summen in der Hinterachse – ebenfalls nur eine Einbildung. Ich hatte aber eine andere, große Sorge: Unser Ferrari hatte keine Servobremsen, und die sehr harten Bremsbeläge erforderten einen sehr hohen Pedaldruck. Durch die Müdigkeit erschien mir dieser Druck enorm, und mich plagte die Vorstellung, das Pedal könne abbrechen!

Mit welcher Freude durchfuhr ich schließlich zum letzten Mal die Maison Blanche-Kurve! Jetzt konnte der Motor ruhig in die Luft springen, der Wagen hatte jetzt genug Schwung, um auch ohne Motor das Ziel zu erreichen! Wir hatten gesiegt! Welch ein Unterschied ist es doch, ob man als Sieger oder auf Platz zwei ankommt, wenn es auch nur – wie im vorhergehenden Jahr – wenige Kilometer hinter dem Ersten ist! Welche Freude über den Sieg nicht nur bei uns, sondern auch bei den Mechanikern, die viele Nachtstunden geopfert hatten, um unseren Wagen liebevoll vorzubereiten, und die sich nach ihrer mühsamen Arbeit nur noch auf uns verlassen konnten!

Unser Sieg war für Ferrari der erste in einer Serie von sechs, die er sich hintereinander holte, eine Leistung, die zweifellos nicht leicht wiederholt werden kann. 1960 war die italienische Marke so überlegen, daß auf den ersten sieben Plätzen sechs ihrer Wagen endeten. Dazwischen konnte sich – auf dem dritten Platz – nur einer der vorjährigen Aston-Martin schieben, der jetzt in privatem Besitz war. Es fuhren ihn Roy Salvadori und ein gewisser, damals noch völlig unbekannter Jim Clark.

GLANZ UND STURZ VON MARANELLO

Von 1960 bis 1963 blieb die Vorherrschaft der Wagen aus Maranello völlig unangetastet. Auch, als 1962 Aston-Martin mit einem sehr schnellen, aber nicht genügend standfesten, geschlossenen Prototyp ein Comeback startete und 1963 mit drei Wagen (einem Prototyp und zwei GT-Modellen) antrat. Mehrmals versuchte es auch die Firma Maserati: 1961 und 1962 mit einem 3 Liter-Zwölfzylinder-Heckmotorwagen, 1963 und 1964 mit 4,5 Liter-Coupés mit vorn eingebauten V 8-Motoren und 1965 mit einem 5 Liter-V 8-Heckmotorwagen.

1961 siegte erneut Olivier Gendebien mit Phil Hill auf einem 3 Liter-Modell, das dem Vorjahreswagen sehr ähnelte, jedoch eine strömungsgünstigere Karosserie besaß. Für 1962 wurde die Hubraumgrenze für die Prototypen auf 4 Liter erhöht (im nächsten Jahr fiel sie dann ganz weg), und wieder gewannen die gleichen Fahrer, diesmal mit einem 4 Liter-Wagen. Für Phil Hill war es der dritte, für Gendebien sogar der vierte Sieg in Le Mans, was einen absoluten Rekord darstellt. Damit holte sich gleichzeitig auch zum letzten Mal ein Frontmotorwagen den Sieg. Schon seit 1961 hatte Ferrari auch

Heckmotorwagen in dieses Rennen geschickt, zuerst 2,4 Liter-V 6-Modelle, dann 1963 drei Wagen mit V 12-Heckmotor, dazu noch zahlreiche Wagen mit 4 Liter-Frontmotor, manche von diesen in privaten Händen. Trotz des relativ geringen Hubraums diktierten die 3 Liter-Prototypen vom Anfang an dank ihres relativ geringen Gewichts und ihrer bemerkenswert guten Straßenlage das Renntempo. Surtees und Mairesse lagen seit Rennbeginn an der Spitze, als nach einem Tankaufenthalt, bei welchem viel Benzin über die Karosserie übergelaufen war, der Wagen in der ersten S-Kurve Feuer fing und gegen die Schutzmauer prallte. Mairesse, der ihn fuhr, kam mit ernstlichen Verbrennungen davon. Trotzdem ging der Sieg an Ferrari, und zwar mit Lorenzo Bandini und Ludovico Scarfiotti zum ersten Mal an ein rein italienisches Team. Der zweite Heckmotorwagen dagegen hatte einige Schwierigkeiten und mußte den zweiten Platz dem privaten Ferrari 250 GTO der Belgier Beurlys und Langlois überlassen.

Das Rennen wurde leider drei Stunden nach dem Start von einem Unfall überschattet, der viel schwerer als der von Mairesse war. Wegen eines Pleuelbruchs verlor ein Aston-Martin in der schnellen Kurve nach der langen Geraden, die die schnellsten Wagen mit mehr als 280 km/h durchfahren, viel Öl. Zahlreiche der folgenden Wagen drehten sich auf der unerwartet glatten Fahrbahn und flogen hinaus. Der junge Brasilianer Bino Heins kam dabei in den Flammen seines Alpine um.

Die 24-Stunden von 1963 werden in die Geschichte der Langstreckenrennen eingehen, weil erstmals ein Turbinenwagen

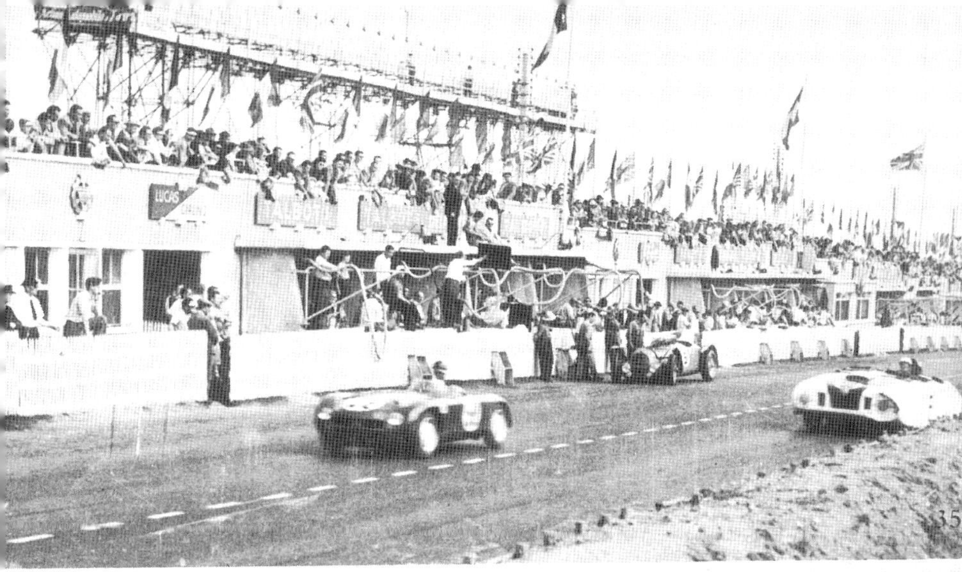

35

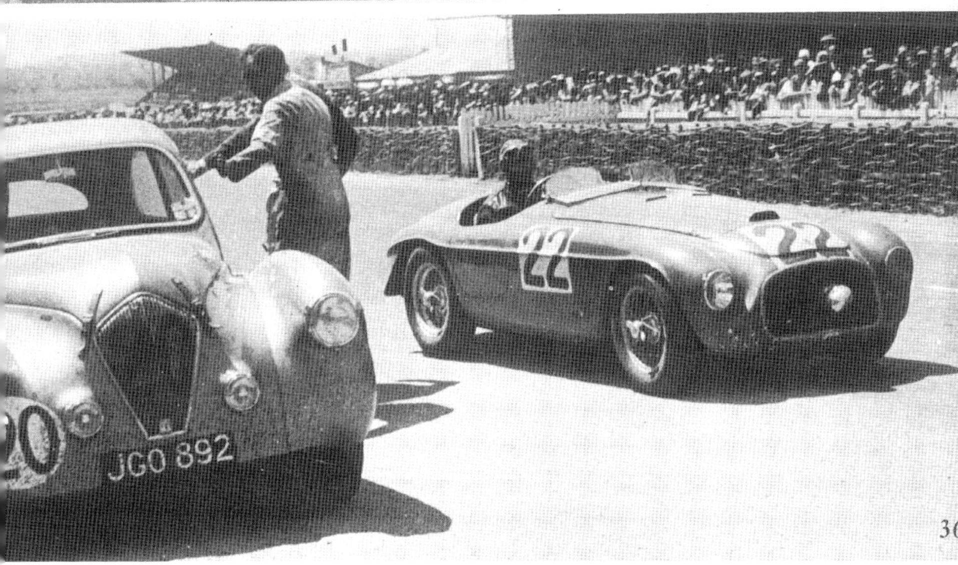

36

35) Die Boxen wurden nach dem Krieg neu gebaut. Hier sieht man einen D.B.-Panhard und einen der beiden Cadillac von Briggs Cunningham im Rennen von 1950 auf der Srecke. Der zweite Cadillac war eine serienmäßige Limousine. Die beiden amerikanischen Wagen belegten den zehnten und elften Platz im Gesamtklassement, mit der Limousine vorn (Archiv).

36) Im Jahr zuvor kamen zwei völlig neue Wagen zum Start: links der Healey von Bartlett–Mann (13. in der Gesamtwertung) und rechts der siegreiche 2 Liter-Ferrari von Chinetti–Seldson (The Autocar).

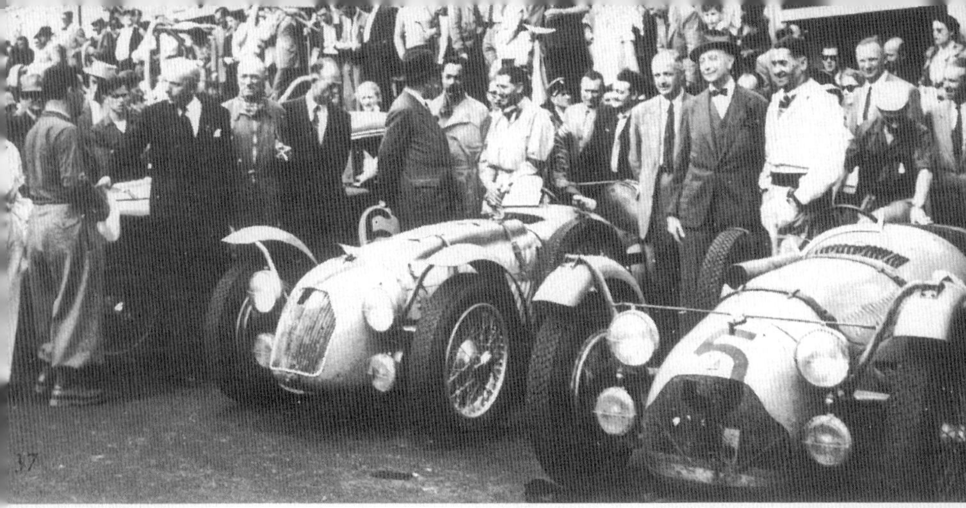

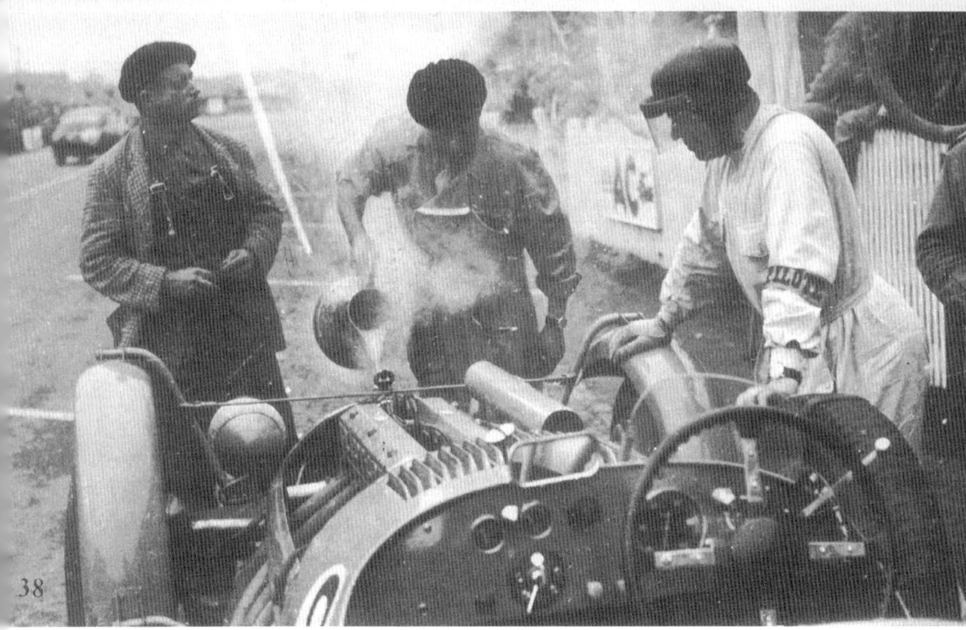

37) 1950 siegte zum letzten Mal ein französischer Wagen in der Gesamtwertung, der 4,5 Liter-Talbot von Louis Rosier und dessen Sohn (er fuhr aber nur zwei Runden). Zweiter wurde der Talbot von Meyrat–G. Mairesse. Auf diesem Foto sieht man Graf Liederkerke-Beaufort, den Präsidenten des A.C.F. (neben Louis Rosier), den Minister Pineau und Briggs Cunningham hinter dem Wagen Nummer 7 (Rosenthal).
38) Ein Wagen mit überhitztem Motor scheidet fast zwangsläufig aus, weil der Kühler für jeweils etwa 400 km plombiert ist. Chaboud ist unruhig: sein Talbot kann nicht mehr gewinnen (Rosenthal).

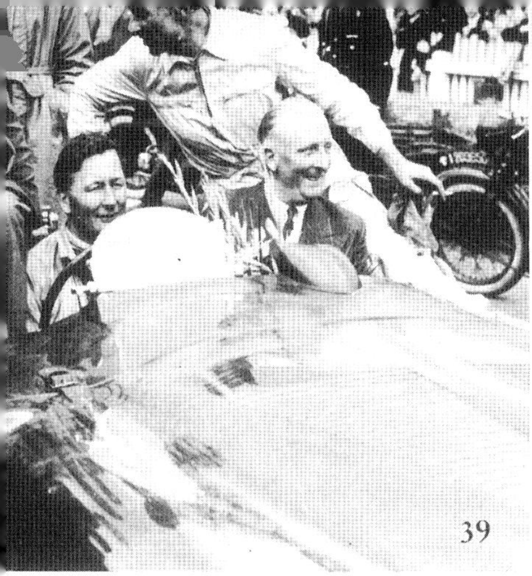

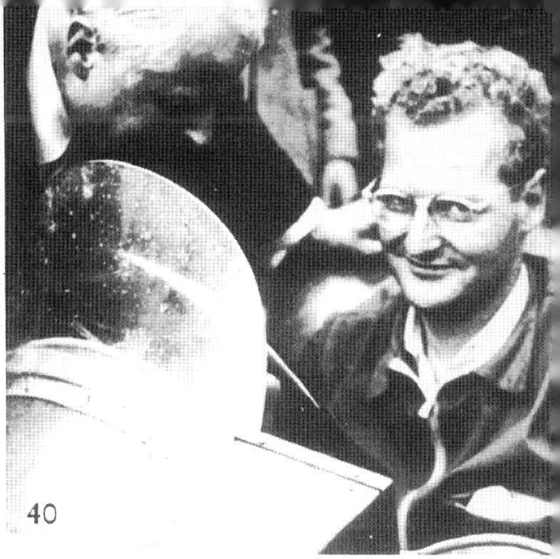

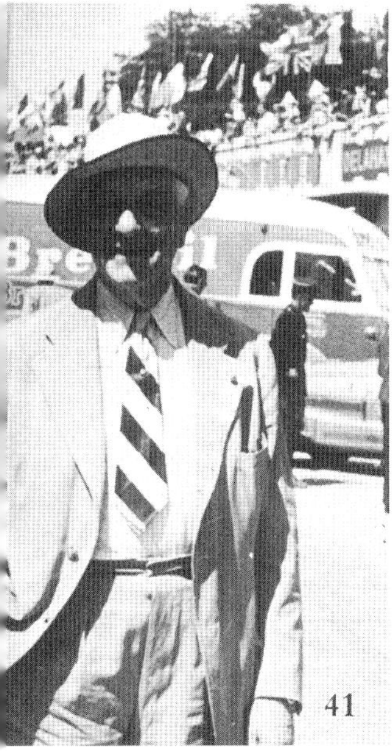

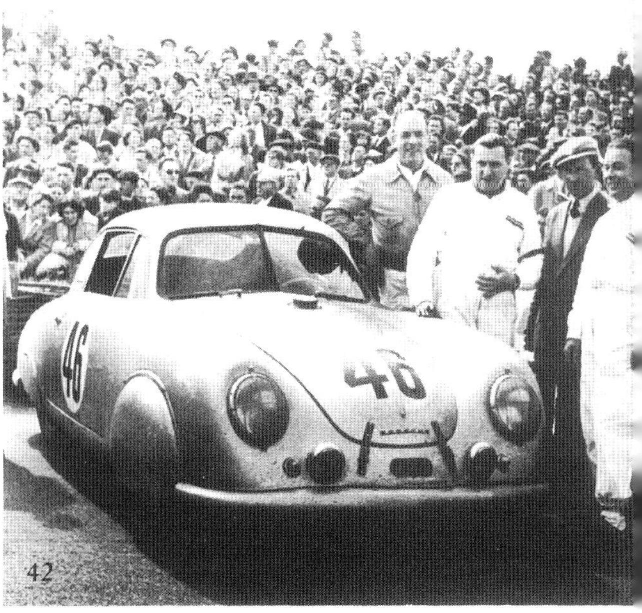

39) Die Sieger von 1951, Peter Whitehead (am Lenkrad) und Peter Walker, haben den Jaguar-Chef William Lyons und den Chefingenieur W. Heynes im Wagen mitgenommen (Beroul).

40) Der ehrgeizige Amerikaner Tom Cole wurde 1950 auf einem Allard-Cadillac Dritter; er stürzte 1953 bei Maison-Blanche tödlich (Beroul).

41) Charles Faroux, der das Reglement des 24-Stunden-Rennens entwarf. Er leitete das Rennen bis zu seinem Tod 1956 (T. D. Rowe).

42) Als erster Heckmotorwagen startete dieser 1,1 Liter-Porsche in Le Mans. Veuillet und Mouche (rechts) belegten 1951 damit den 21. Platz in der Gesamtwertung. Der Konstrukteur Ferry Porsche steht zwischen den beiden Fahrern (Beroul).

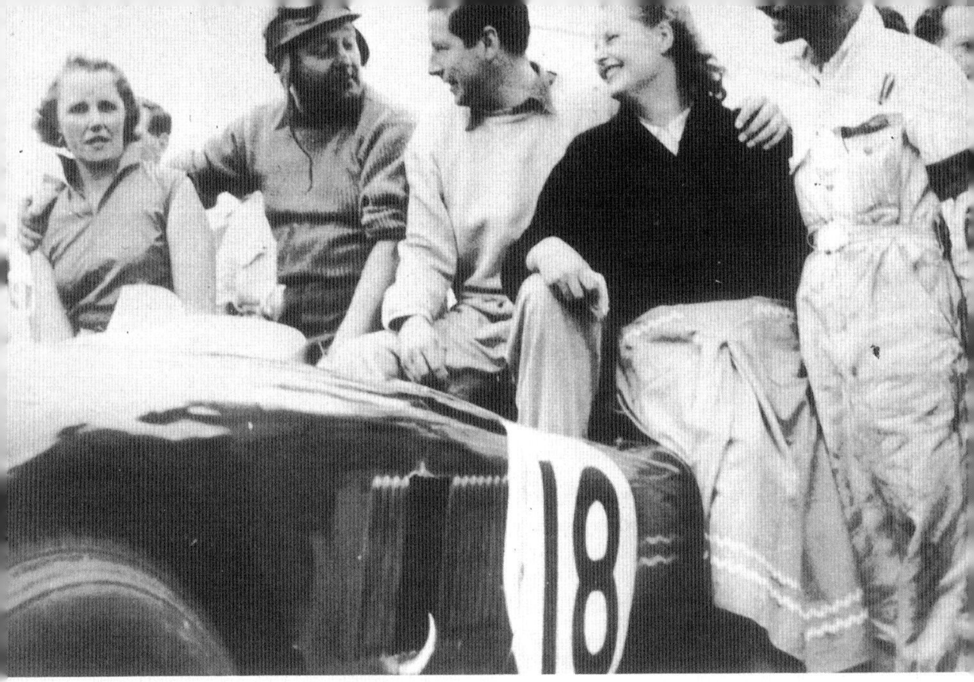

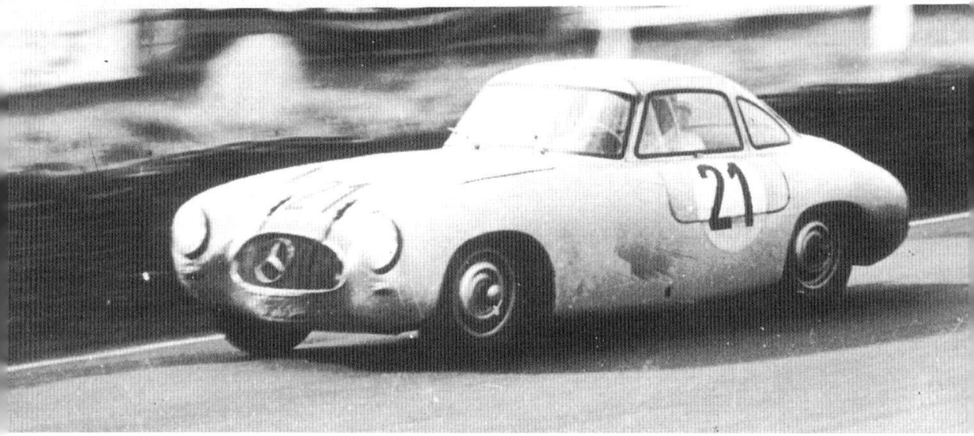

43) Die Scheibenbremsen ihres Jaguar verhalfen Tony Rolt und Duncan Hamilton (mit Sturzhelm) 1953 zum Sieg. Len Hayden (ganz rechts) ist heute noch einer der besten Rennmechaniker. Er hat oft auch meinen Wagen vorbereitet (Archiv).

44) Die beiden Mercedes 300 SL, die 1952 die beiden ersten Plätze erreichten, waren echte Prototypen, die später mit großem Erfolg in Serie gingen. Der siegreiche Wagen wurde vom Vorkriegsstar Hermann Lang und von Fritz Rieß gefahren (Archiv).

startete. Das ermöglichte ein seit mehreren Jahren schon bestehender Zusatz zum Reglement, das ihn außer Konkurrenz wertete. Seine Fahrer Graham Hill und Richie Ginther beendeten das Rennen mit einem Schnitt von 173 km/h in eindrucksvoller Ruhe und Gleichmäßigkeit. Der 160 PS-Turbinenmotor war eine Rover-Entwicklung, während Fahrwerk und Karosserie von BRM stammten. Bei einer Wertung in der Konkurrenz hätte diese Leistung immerhin für den achten Platz in der Gesamtwertung gereicht.

Auch zwei andere Modelle kamen erstmals ins Rennen, die später eine besondere Rolle spielen sollten. Es waren die AC-Cobra, die ohne großen Erfolg versuchten, den Ferrari den Sieg in der Gran Turismo-Wertung streitig zu machen, und ein sehr gekonnt konstruierter Lola-Prototyp aus England, mit extrem niedriger Coupé-Karosserie und dem gleichen 4,7 Liter-Ford-Motor wie die Cobra. Aus diesem Wagen wurden die Ford-Wagen entwickelt, die in späteren Jahren in Le Mans eine große Rolle spielten und 1966 schließlich den ersten amerikanischen Sieg buchten.

Der Lola konnte 1963 zwar wegen Getriebeschwierigkeiten und schließlich eines harmlosen Unfalls das Rennen nicht durchhalten, hinterließ aber dank seiner übersichtlichen Konstruktion und seines hervorragenden Fahrverhaltens einen ausgezeichneten Eindruck. Sein Schöpfer, Eric Broadley, hatte Glück: gerade in jenem Jahr entschied man sich bei Ford, den werksseitigen sportlichen Einsatz auf Europa auszudehnen und als Hauptziel einen Sieg in Le Mans anzusteuern. Die amerikanische Firma holte sich Eric Broadley und seine kleine Mannschaft mitsamt dem Lola-Prototyp und stellte zur Entwicklung eines Ford auf Lola-Basis praktisch unbegrenzte finanzielle und technische Mittel zur Verfügung. Schon im April 1964 kamen zwei – vom Lola abgeleitete – Ford GT 40 zum Vortraining. Dieses wird seit 1959 jeweils zwei Monate vor dem Rennen durchgeführt, um den Konstrukteuren die Möglichkeit zu geben, vor dem Rennen noch in einiger Ruhe eventuell notwendige Änderungen und Vorbereitungen vorzunehmen. Obwohl für die Entwicklung der Karosserieform Elektronenrechner eingesetzt wurden, wirkte auf die Wagen bei hoher Geschwindigkeit eine hohe Auftriebkraft, und deshalb kamen beide Ford im Training von der Strecke ab und wurden dabei beschädigt.

Die sofort eingeleiteten Änderungen halfen ab. Im offiziellen Training vor dem Rennen konnten die Ford auf Anhieb die Zeiten der schnellsten Ferrari erreichen. Dies war ein schöner Erfolg, denn obwohl die Ferrari sich nicht sehr von den Vorjahresmodellen unterschieden, hatten doch zwei von ihnen einen auf 3,3 Liter, der Wagen von Surtees und Bandini sogar auf 4 Liter vergrößerten Motor. Nur dieser stärkste Ferrari war mit Surtees im Training schneller als der Ford von Phil Hill. Mit 4,2 Liter Hubraum war der Ford-Motor noch etwas größer, es handelte sich aber hier um eine relativ einfache, von der Serie abgeleitete Maschine.

Im Rennen setzte sich der Ford von Richie Ginther sofort an die Spitze und schraubte den offiziellen Rundenrekord auf 3 Minuten 52 Sekunden. Aber man befürchtete im Ford-Lager, daß das verwendete Colotti-Getriebe für den Motor nicht ganz ausreichte. Mit Recht, denn schon nach acht Rennstunden waren die Ferrari, die schon seit der zweiten Stunde führten, unter sich. Es gewannen Jean Guichet und Nino Vaccarella mit einem 3,3 Liter und einem Rekord-Schnitt von 195,6 km/h. Trotzdem kam auch Ford zu einem Erfolg; in der seit 1959 getrennt gewerteten GT-Klasse mußte Ferrari zum erstenmal dem AC-Cobra mit 4,7 Liter-Ford-Motor (Fahrer: Dan Gurney und Bob Bondurant) den Sieg überlassen.

Dieser Wagen kam auch auf den vierten Platz in der Gesamtwertung.

Die Erfahrung hatte über die gewaltigen finanziellen Mittel noch die Oberhand behalten. Es ist aber einleuchtend, daß, wenn eine Riesenfirma wie Ford das 24-Stunden-Rennen gewinnen will, es ihr früher oder später auch gelingen muß. Ferrari kann dagegen nur seine Erfahrung und eine Handvoll glänzender Techniker aufbringen, nicht aber solche Mittel für Forschung, Produktion und Personal wie die zweitgrößte Automobilfirma der Welt. Man darf nicht vergessen, daß Ford in der ganzen Welt 800mal mehr Leute beschäftigt als Ferrari (ungefähr 400 000 zu 500!) und daß Ford in 40 Minuten so viele Autos produziert wie Ferrari im ganzen Jahr!

Trotz der ungleichen Kräfteverhältnisse brachte Ferrari die Mittel auf, um für das Rennen von 1965 völlig neue Prototypen zu entwickeln. In der Konstruktion des Fahrgestells und der Radführungen wurden dabei die jüngsten Erfahrungen der Formel I-Rennwagen verwertet, und die Motoren erhielten neue Zylinderköpfe mit zwei obenliegenden Nokkenwellen. Wiederum wurden verschieden große Motoren mit 3,3 und 4 Liter Hubraum eingesetzt. Auch private Renn-

ställe erhielten zwei neue P 2-Wagen, aber mit 4,4 Liter Hubraum und nur einer Nockenwelle pro Zylinderkopf.
Bei Ford schien es sowohl an Zielbewußtheit als auch an der Organisation zu fehlen. Drei verschiedene Gruppen bereiteten die Wagen vor: Shelby American, Ford-France und Ford Advanced Products. Die letztere leitete John Wyer, der ehemalige Rennleiter von Aston-Martin, der mit mehreren Mitarbeitern und Mechanikern zu Ford gewechselt war. Weder bei der Vorbereitung noch anderswo herrschte Einigkeit.
Die vorjährigen 4,2 Liter-Motoren mit Aluminiumblock waren durch die 4,7 Liter Cobra-Motoren mit Chromgußblock ersetzt worden, aber durch einen vergrößerten Hub erhöhte sich der Hubraum bei einigen Wagen auf 5,3 Liter. Zwei Wagen bekamen sogar einen riesigen 7 Liter-Motor samt einem neuen angeblockten, ebenfalls gewaltigen Vierganggetriebe.
Für die kleineren Motoren war statt des vorjährigen Colotti-Getriebes ein ZF-Fünfganggetriebe vorgesehen.
Mit den 7 Liter-Motoren gaben die Ford diesmal im Training den Ton an; Phil Hill kam auf eine Rundenzeit von 3 Minuten 33 Sekunden, die einem Schnitt von 227 km/h entspricht, was keinem anderen weder im Training noch im Rennen gelang. Gleich nach Rennbeginn gingen die 7 Liter-Ford in Führung und vergrößerten unaufhaltsam ihren Vorsprung gegenüber den Ferrari, die ihrerseits von den kleineren Ford kaum bedrängt wurden. Letztere fielen schon bald mit Kühlungsschwierigkeiten aus. Als nach zweieinhalb Stunden die beiden großen Ford mit Schäden in der Kraftübertragung ebenfalls aufstecken mußten, hatten die Ferrari den

Sieg schon vor Augen. Es gewannen aber nicht die schnellsten von ihnen, denn die Werkswagen fielen einer nach dem anderen zurück. Sie fielen den innenbelüfteten Bremsscheiben zum Opfer, in denen Risse erschienen, die durch die plötzliche Wärmeentwicklung vor der Mulsanne-Kurve entstanden, nachdem die Bremsen vorher auf der langen Geraden nahezu auskühlten. Auch der lange Zeit führende 4 Liter-Ferrari von Surtees und Parkes fiel schließlich, wie mehrere andere P 2-Modelle, mit Kupplungsschaden endgültig aus. Der heiße Kampf zwischen Ford und Ferrari zwang also schließlich alle Hauptbeteiligten aus dem Rennen. Die Ehre der italienischen Firma rettete der Privatstall North American Racing Team mit einem relativ alten, aber sehr gut hergerichteten Ferrari 3,3 Liter vom Typ 275 LM. Die unerwarteten Sieger hießen Masten Gregory und Jochen Rindt. Ihr Rennen verlief ganz anders, als es sonst für einen Le Mans-Sieg üblich ist. Wegen eines kleinen Defektes an der Zündung fielen sie schon in der dritten Stunde auf den 15. Platz zurück. Die beiden Fahrer holten daraufhin das Letzte aus dem Motor heraus. Ihr Rennleiter, Luigi Chinetti, erzählte mir, daß der Schleppzeiger des Drehzahlmessers bei fast jedem Boxenaufenthalt bei 9000 U/min stand, während eigentlich nur 7500 U/min erlaubt waren. So mächtig drehten sie auf, daß zwei Stunden vor Schluß ihnen die Spitzenposition zufiel, was wieder einmal beweist, daß ein älterer, aber zuverlässiger Wagen in Le Mans einem moderneren, aber ungenügend erprobten oft überlegen ist. Die französisch-belgische Mannschaft Dumay-Gosselin holte sich mit einem gleichen Wagen den zweiten Platz. Mit dem drittplacierten Ferrari

275 GTB von Mairesse-Beurlys triumphierte das italienische Werk auch in der GT-Klasse über die Ford-Cobra.

Ford zog aus den Niederlagen zweier Jahre die Lehren. Obwohl beim April-Training ein neues, viel leichteres Modell mit automatischem Getriebe erprobt wurde, das die besten Rundenzeiten erzielte, schickte Ford zum Rennen im Jahr 1966 doch nur voll erprobte Autos: acht 7 Liter-Wagen, die den vorjährigen sehr ähnelten. Sie hatten ihre ausgezeichneten Fahrleistungen und Standfestigkeit schon vorher mit Siegen im 24-Stunden-Rennen von Daytona und im 12-Stunden-Rennen von Sebring bewiesen. Dagegen war die Ferrari-Streitmacht mit drei neuen P 3-Prototypen mit Einspritzmotor – einer davon in Betreuung des North American Racing Team – vergleichsweise klein. Trotz ihres viel geringeren Gewichtes konnten die italienischen Wagen schon im Training die Rundenzeiten der Ford nicht erreichen. Auf einem Ford schaffte Dan Gurney 3 Minuten und 30 Sekunden und damit einen Schnitt mit mehr als 230 km/h und wiederholte diese Leistung auch im Rennen. Die in sechs Jahren unbesiegten Ferrari mußten sich auf die Rolle des Herausforderers beschränken, und die Ford übernahmen auch im Rennen sofort die Initiative. Trotzdem blieben zwei Ferrari sieben Stunden lang mit den Ford-Spitzenreitern in der gleichen Runde und lagen zeitweise sogar in Führung. In der Nacht schieden aber Rodriguez-Ginther mit Getriebeschwierigkeiten aus. Scarfiotti, der mit Parkes den übrig gebliebenen Werkswagen führte, konnte einem in der S-Kurve querstehenden Wagen nicht mehr ausweichen und wurde beim Unfall leicht verletzt. Dies gab den Weg für Ford endgültig frei, obwohl am Morgen der in Führung liegende Wagen von Gurney-Grant mit Motorschaden ausfiel.

Dieser erste amerikanische Sieg in Le Mans war die logische Folge des Kampfes zwischen David und Goliath, den Ford seit drei Jahren gegen Ferrari lieferte. Mit gleichen oder annähernd gleichen Waffen war es bislang noch keiner amerikanischen Firma gelungen, sich in diesem größten europäischen Rennen zu behaupten. Ein Stutz war 1928 hinter dem Bentley auf einen sehr ehrenvollen zweiten Platz gekommen, und im gleichen Jahre wurde ein Chrysler, als die Firma noch nicht ihre heutige Macht hatte, dritter. Trotz aller Begeisterung und persönlichen Vermögens holte sich Briggs Cunningham 1953 nur den dritten Platz, hinter zwei Jaguar und vor einem dritten. Ford mußte siegen, nicht nur, weil es ihm an Mitteln nicht fehlte, um unschlagbare Wagen zu entwickeln. Es stand der Ruf der zweitgrößten Automobilfirma der Welt auf dem Spiel, und ein Rückzug war nicht mehr denkbar. Sehr fair war, daß Ford 1967 seinen Ruf wiederum aufs Spiel setzte. Man holte sich dabei einen zweiten Sieg, im erstaunlichen Schnitt von 218 km/h, aber diesmal hetzte ein Ferrari den Sieger bis ans Ende und unterlag mit allen Ehren einem Wagen fast doppelten Hubraums.

Den prächtigen Ford-Erfolg muß man aber auch anerkennen. Trotz einiger Regenschauer überschritten die amerikanischen Wagen 1966 zum ersten Mal in der Geschichte des 24-Stunden-Rennens einen Durchschnitt von 200 km/h. Genau 40 Jahre früher hatte der Lorraine – ebenfalls mit einem Stoßstangenmotor, aber nur halb so großem Hubraum – erstmals 100 km/h als Schnitt übertroffen. Zum ersten Mal in diesem größten aller Langstreckenrennen wurden zwei Wagen des gleichen Fabrikats mit nur wenigen Metern Abstand auf die zwei ersten Plätze gesetzt, was von einer wahrhaft eindrucksvollen Standfestigkeit und Gleichmäßigkeit zeugt.

Natürlich kann man einwenden, daß ein 7 Liter-Motor gegenüber einem 4 Liter-Motor, wie ihn die Ferrari haben, im Vorteil ist. Ford hat jedoch nichts anderes getan, als die von der Ausschreibung gegebenen Möglichkeiten auszunutzen. Außerdem muß man hervorheben, daß Ford einen einfachen, von der Serie abgeleiteten V 8-Stoßstangenmotor gegenüber dem hochentwickelten V 12-Einspritzmotor der Ferrari einsetzte. Vom Ford-Motor werden in weniger gezüchteten Versionen jährlich mehrere hunderttausend gebaut. Selbst die Rennausführung kostet nur etwas mehr als 1000 Dollar – weniger als die Boeing-Scheibenwischer, mit denen die Wagen ausgerüstet waren! Letzteres zeigt jedoch, wie wenig bei der Vorbereitung der Wagen das Geld zählte!

Bedeutet dieser erste amerikanische Sieg – der im Jahre 1967 seine Bestätigung fand – im härtesten europäischen Rennen nach 44 Jahren der Vorherrschaft europäischer Firmen den Grabgesang der europäischen Industrie? Kann man daraus schließen, da auch auf diesem Gebiet, das sich durch seine unaufhaltsame Entwicklung kennzeichnet, die großen Hersteller künftig dominieren werden, die bisher fast von der Natur der Sache her davon ausgeschlossen waren, weil sie nur im Rahmen eines auf mehrere Jahre hin festgelegten Fertigungsprogramms leben können? Wir glauben es nicht. Große Firmen, die hunderttausende, ja Millionen Wagen pro Jahr bauen müssen, um zu leben, können sich durch den Werbeeffekt einer großzügigen Beteiligung am Motorsport verleiten lassen. Bei genügendem finanziellen Einsatz ist der Erfolg nahezu garantiert. Aber eine solche sportliche Beteiligung muß zeitlich begrenzt sein. Wenn sie zu lang andauert, weicht die Konkurrenz der Übermacht, und ohne Gegner sind die größten Siege wertlos. Stellt sich eine gleichstarke Firma zum Kampf, dann steigen die technischen und finanziellen Einsätze so gewaltig, daß es bald zum Frieden kommen muß. Wenn man bedenkt, welche Interessen im Spiel stehen, kann man sich nur schwer vorstellen, daß sich Konzerne wie Ford und General Motors offiziell und mehrmals hintereinander beim 24-Stunden-Rennen von Le Mans oder beim 500-Meilen-Rennen von Indianapolis gegenüberstehen könnten. Der Aufwand würde für beide derart ansteigen, daß der publizistische und Werbeerfolg in keinem sinnvollen Verhältnis dazu stünde.

Deshalb kann die Teilnahme der ganz großen Firmen am Automobilsport nur sporadisch sein. Auch weiterhin werden kleine, für den Bau von Sport- und Rennwagen eingerichtete Firmen seine Grundlage bilden und der technischen Entwicklung ihren wertvollen Beitrag bringen, unterstützt von einigen Firmen der Industrie, die den Wert von Rennen als Versuchsfeld für Zukunftsentwicklungen zu schätzen wissen.

EINE RUNDE IN LE MANS

Im Laufe der Jahre wurde das 24-Stunden-Rennen auf vier verschiedenen Strecken ausgetragen, deren Verlauf sich aber nur innerhalb des Abschnittes von Maison Blanche bis Tertre Rouge geändert hat. Die erste Strecke mit 17,262 km Länge galt schon für den Großen Preis von Frankreich 1921, den der Amerikaner Jimmy Murphy auf einem 3 Liter-Duesenberg gewann, der auf den insgesamt 30 Runden = 517,860 km einen Schnitt von 125,720 km/h herausfuhr. Es war übrigens das einzige Mal, daß ein amerikanischer Wagen sich einen Großen Preis in Europa holte.

Es war von vornherein klar, daß die Wagen, die zwei Jahre später beim 24-Stunden-Rennen an den Start gingen, keinesfalls an die Geschwindigkeit des Duesenberg Grand Prix-Wagens herankommen würden. Hier handelte es sich nämlich ausschließlich um zum freien Verkauf angebotene Wagen. Ihre Hersteller mußten die Produktion von mindestens 30 Stück nachweisen können. Außerdem war für Wagen bis 1100 ccm Hubraum eine zweisitzige, über 1100 ccm eine viersitzige Karosserie vorgeschrieben. Der Durchschnitt des Chenard et Walcker, der im 24-Stunden-Rennen von 1923 gerade 92 km/h schaffte und damals die längste Strecke hinter sich ließ (eine offizielle Gesamtwertung gab es damals nicht), darf also keineswegs verwundern, auch wenn am Wagen einige Änderungen vorgenommen werden durften. Die schnellste Runde fuhr der 3 Liter-Bentley von Duff-Clement mit einem Schnitt von 107,328 km/h.

Damals war die Strecke noch ungeteert, ja nicht einmal geschottert. Der Kurs bog damals nicht hinter den Tribünen in die lange Rechts-Kurve ab, sondern führte geradeaus nach Le Mans weiter. In der Stadt mündete er im spitzen Winkel in die Straße nach Tours, keine hundert Meter von dem großen Platz entfernt, wo die Straßen von La Flèche, Tours und La Chartre zusammenführen. Zahlreiche damalige Fotos von der »Pontlieue«-Kurve zeigen, daß immer noch die gleichen Häuser an der Straße stehen. Nur der Straßenbelag hat sich stark geändert. Damals entwickelte sich die unbefestigte Fahrbahn im Laufe des Rennens immer mehr zum »Schlachtfeld». Um das Rennen von den Wohnvierteln der Stadt fernzuhalten, wo keine genügenden Schutzmaßnahmen getroffen werden konnten, ließ der A.C.O. eine Verbindungsstraße bauen, die 400 Meter vorher die Straße nach Tours erreichte. Die Verbindungsstraße mit Namen »Rue du Circuit« wird heute auch nicht mehr fürs Rennen benützt. Sie ist längst ebenfalls von Häusern umsäumt. Das Straßenschild erinnert noch an ihre einstige Bestimmung: »Gebaut 1929 vom A.C.O.«. Durch die Rue du Circuit verkürzte sich die Streckenlänge auf 16,340 km. Auf die Durchschnittsgeschwindigkeit scheint sie allerdings keinen wesentlichen Einfluß gehabt zu haben. 1928 stellte Sir Henry Birkin mit einem 4,5

Liter-Kompressor-Bentley auf der alten 17, 762 km langen Strecke mit 127, 604 km/h den Rundenrekord auf. Im nächsten Jahr schraubte ihn der gleiche Fahrer – diesmal allerdings auf einem 6,6 Liter-Bentley – auf 133,551 km/h. Die Steigerung scheint aber eher auf Verbesserungen der Wagen und des Straßenbelages als auf die neue Streckenführung zurückzuführen zu sein. Schon im nächsten Jahre (1930) stellte wiederum Birkin den endgültigen Rundenrekord für die 16,340 km-Strecke auf. Er erreichte einen Schnitt von 144,352 km/h, der 1931 wegen des schlechten Wetters nicht geschlagen wurde, und schon für 1932 wurde die Strecke nochmals – und zwar recht deutlich – geändert.

Die Rue du Circuit erwies sich nur als Notbehelf. Die dorthin führende Straße war eng und ließ weder für die Fahrer noch für die Zuschauer die notwendigen Sicherheitsvorkehrungen zu. Deshalb kaufte der A. C. O. neues Gelände zwischen den Boxen und der Straße nach Tours und baute darauf einen neuen, kurvigen, aber trotzdem schnellen Streckenabschnitt, der von den Boxen zur Straße nach Tours führt. Diese Privatstraße liegt tiefer als die sie umgebenden Zuschauerplätze, so daß sie dem Publikum gleichsam eine gute Sicht und bei einem eventuellen Unfall die größte Sicherheit bietet. Zur weiteren Sicherheitserhöhung wurden beidseits der acht Meter breiten Straße noch Barrieren aus Erde und Sträuchern vorgesehen, die auf der Zuschauerseite noch durch einen Graben ergänzt werden. Dieser Streckenabschnitt bekam 1947 und 1956 einen neuen Belag, blieb aber bis heute fast unverändert. Er besteht aus der 1956 leicht geänderten Dunlop-Kurve (benannt nach der Dunlop-Brücke, ein sie

überspannender Zuschauerübergang, der 1965 nach oben versetzt wurde), den S-Kurven (eine Links- und daran anschließende Rechtskurve), und einem geraden Stück, das schließlich über die Tertre Rouge-Rechtskurve in die Straße nach Tours mündet. Die Strecke verkürzte sich dadurch von 16,340 km auf 13,492 km. Im Gegensatz zur Meinung von Le Mans-Fahrer Roger Labric, der ein hochinteressantes Buch (mit großartigen Zeichnungen von Geo Ham) über das 24-Stunden-Rennen bis 1939 schrieb, ist es für mich zweifelhaft, ob das neue Streckenstück die erreichbaren Schnitte erhöht hat. Dadurch wurden nämlich die zwei Geraden (vor den Boxen und auf der Straße nach Tours) jeweils um 600 Meter kürzer, während der neue kurvige Abschnitt die Fahrer zu erheblichen Geschwindigkeitsminderungen zwang. Erst 1933, in einem harten Rennen, wurde der für den 16,340 km-Kurs drei Jahre zuvor aufgestellte Rundenrekord unterboten. Da in jenen Jahren der Straßenbelag laufend verbessert wurde, kann man als sicher annehmen, daß ausschließlich die Verbesserung der Wagen und des Streckenbelags, nicht aber die neue Streckenführung, die möglichen Durchschnittsgeschwindigkeiten steigerte.
1932 stand der Rekord beim ersten Rennen auf der neuen Strecke bei 142,437 km/h. Er wurde 1955 von Mike Hawthorn mit seinem Jaguar D auf 196,963 km/h hochgeschraubt. Dann wurde, nach dem schrecklichen Unfall im gleichen Jahr, die Strecke erneut umgebaut, um die Boxen und die Zuschauerplätze weiter von der Straße abzusetzen. Der Kurvenverlauf änderte sich kaum, und der Kurs verkürzte sich dabei nur um 31 Meter auf 13,461 km. Das erforderte aber gewaltige

Arbeiten, um durch mehr Straßenbreite die Boxen, die Tribünen und die Zuschauerplätze von den manchmal mit mehr als 250 km/h vorbeifahrenden Wagen fernzuhalten. Heute bedauert man es bereits wieder, damals die Strecke vor den Boxen nicht noch breiter gemacht zu haben. Die Beton-Boxen, das Gebäude der Rennleitung und der Zeitnehmerturm wurden damals abgerissen und neu aufgebaut, moderner und größer. Der alte Streckenabschnitt wurde zugeschüttet und durch eine neue Straße ersetzt, die von »Maison Blanche« bis zur Kuppe vor den S-Kurven führt. Der ganze, zwei Kilometer lange Abschnitt ist durch eine Erdmauer mit Holzverflechtung, eine Betonmauer und einen Graben begrenzt. Auch die Dunlop-Kurve entstand mit etwas vergrößertem Radius neu; bei dieser Gelegenheit erhielt die Strecke bis Tertre Rouge einen neuen Belag.

500 Meter vor den Boxen wurde eine Bahn geschaffen, die von der Strecke selbst zuerst durch eine gestrichelte und dann durch eine durchgezogene Linie getrennt ist. Unter keinen Umständen darf letztere überfahren werden, um die an die Boxen fahrenden Wagen von den voll weiterfahrenden zu trennen. Zuwiderhandelnde werden sofort aus dem Rennen genommen. Ebenfalls aus Sicherheitsgründen darf man von den Boxen aus den vorbeirasenden Wagen keine Signale mehr geben, um die mit über 200 km/h, manchmal sogar mit mehr als 250 km/h vorbeijagenden Fahrer durch Boxenzeichen nicht von der Dunlop-Kurve abzulenken. Wird die Ideallinie sehr genau eingehalten, kann ein moderner Wagen die Dunlop-Kurve mit über 250 km/h nehmen. Dafür wurde direkt hinter der Mulsanne-Kurve ein neuer Signalposten

geschaffen, von dem aus die Fahrer über ihre Position, Zeiten, Tankaufenthalt etc. informiert werden. Jede Mannschaft hat hier eine direkte telefonische Verbindung mit ihrer Boxe. Hier bereitet das Ablesen der Signale keine Schwierigkeiten, da die Mulsanne-Kurve mit nicht mehr als 65 bis 70 km/h durchfahren wird. Zu dieser damals einmaligen Lösung hätte man früher oder später ohnehin kommen müssen, denn schon vor 1956 war es für die Fahrer sehr schwierig, die an sie gerichteten Signale zu finden und dann noch zu lesen. Besonders bei Nacht war es eine echte Gefahrenquelle geworden. Dem Beispiel von Le Mans folgte später auch Reims; auch in Francorchamps hätte man das gleiche Problem längst schon so lösen sollen.

Seit den letzten, bedeutenden Änderungen von 1956 blieb die Strecke praktisch unverändert, obwohl sich ihr Aussehen von Jahr zu Jahr durch neue Einrichtungen ändert. Das gilt sowohl für die Renneinrichtungen als auch das »Dorf«, das sich auf der Streckeninnenseite, in der Nähe der Boxen und Tribünen, in den letzten Jahren unerhört entwickelt hat. Auch der neu angelegte »Circuit Bugatti« von 4,5 km Länge änderte an der Hauptstrecke für das 24-Stunden-Rennen nichts. Er hat nur den Abschnitt von den Boxen bis zum Beginn der S-Kurven mit ihr gemeinsam. Die Sicherheitsvorkehrungen wurden allerdings an einigen Stellen noch überarbeitet. Die Boxen zum Beispiel sind heute durch kleine Betonmauern vor eventuellen Schlenkern der vorbeifahrenden Wagen geschützt.

Die Fahrer spüren die 1956 erfolgte Streckenverlegung, die die Länge auf 13,461 km reduzierte, kaum. Auch ich, der ich damals schon dreimal dort gestartet war, merkte kaum etwas von der neuen Dunlop-Kurve. Zweifellos ist die neue Strecke durch die leichte Vergrößerung des Kurvenradius etwas schneller als die alte. Die Rundenzeiten geben darüber jedoch keine Auskunft, weil das Reglement 1956 durch die Begrenzung des Kraftstoffverbrauches und die hohen Windschutzscheiben die Wagen langsamer machte. 1956 stellte Hawthorn den ersten Rundenrekord für die neue Strecke auf, der um 10 km/h niedriger war als der alte, den der gleiche Fahrer auf einem Wagen gleichen Fabrikats 1955 aufgestellt hatte. 1957 schraubte aber schon der gleiche Hawthorn – allerdings auf einem 4 Liter-Ferrari – den Rundenrekord auf 203 km/h. Dann wurde der Hubraum für die Prototypen auf 3 Liter begrenzt, und der Rekord blieb bis 1962 unangetastet, bis die Hubraumbegrenzung wieder aufgehoben wurde. 1962 kam der 4 Liter-Ferrari von Phil Hill und Olivier Gendebien auf 204,202 km/h. Dann stieg der Rundenschnitt in enormen Sprüngen an, wobei größere Motoren und die, vor allem durch die Reifen bedingten, verbesserten Fahreigenschaften die Hauptrollen spielten. Innerhalb von fünf Jahren kletterte der Rekord schließlich um ganze 34 km/h bis auf die 238 km/h von Andretti und Hulme auf 7 Liter-Ford, fast so viel wie in den elf Jahren zuvor!

Man hat mich oft nach den Fahreindrücken mit einem der schnellsten Wagen in Le Mans gefragt. Wer noch nie einen Rennwagen in der Hand hatte, stellt diese Frage am liebsten. Die meisten Leute glauben, nur ein Held könne die Dunlop-Kurve mit mehr als 250 km/h durchfahren und auf der Geraden von Hunaudières mehr als 300 km/h erreichen. Sie

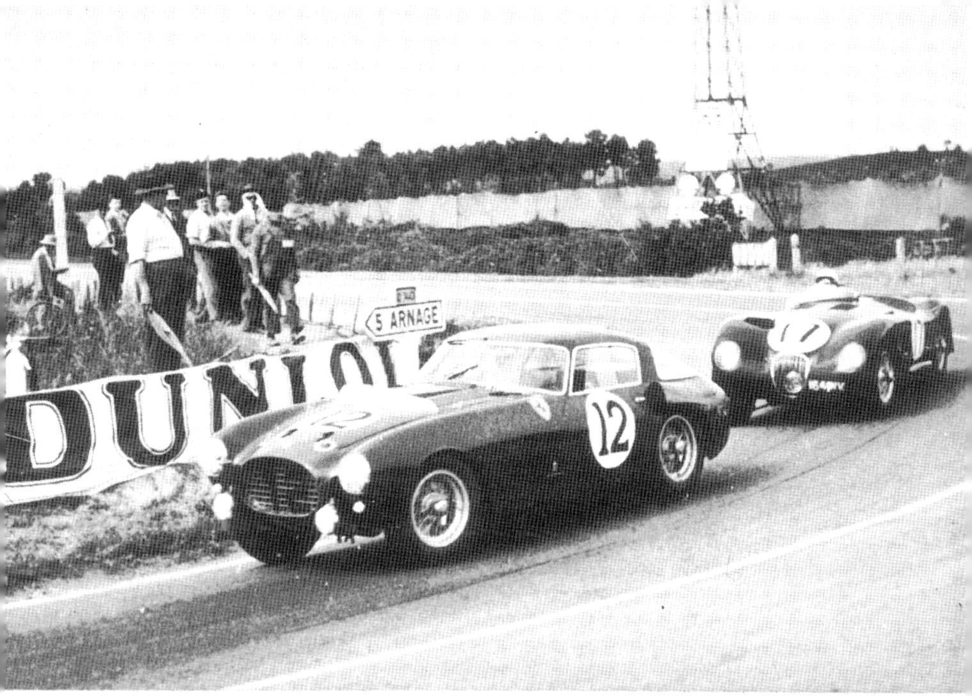

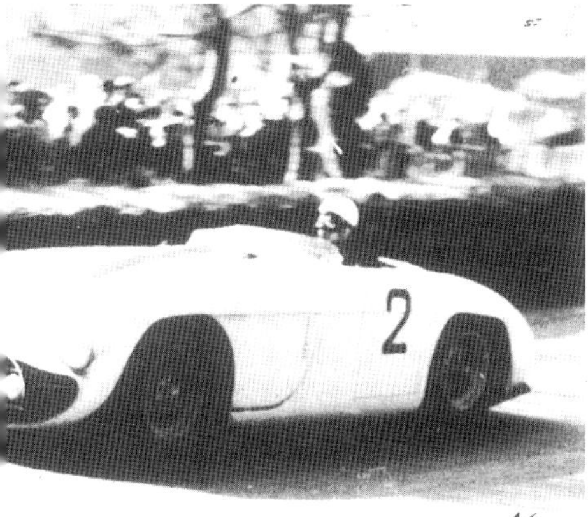

46

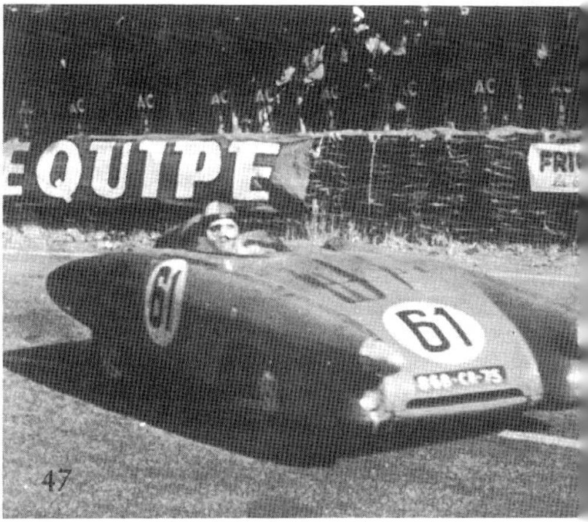

47

45) 1956 wurden die hübschen Ferrari-Berlinettas mit Pininfarina-Karosserie von den Scheibenbremsen der Jaguar geschlagen. Hier ist Ascari noch vor Moss (Archiv).

46) Nur zwei Jaguar lagen im Ziel vor diesem Cunningham C 5 R, den Fitch und Walters 1953 fuhren (Lafay).

47) Die bemerkenswerte, von Ing. Riffard entworfene Karosserie des 611 ccm-Panhard trug ohne Zweifel entscheidend zum Sieg in der Indexwertung bei, den sich die Gebrüder Chancel 1953 holten. Zwischen 1950 und 1962 gewannen Panhard-Motoren neunmal die Indexwertung (Baraillé).

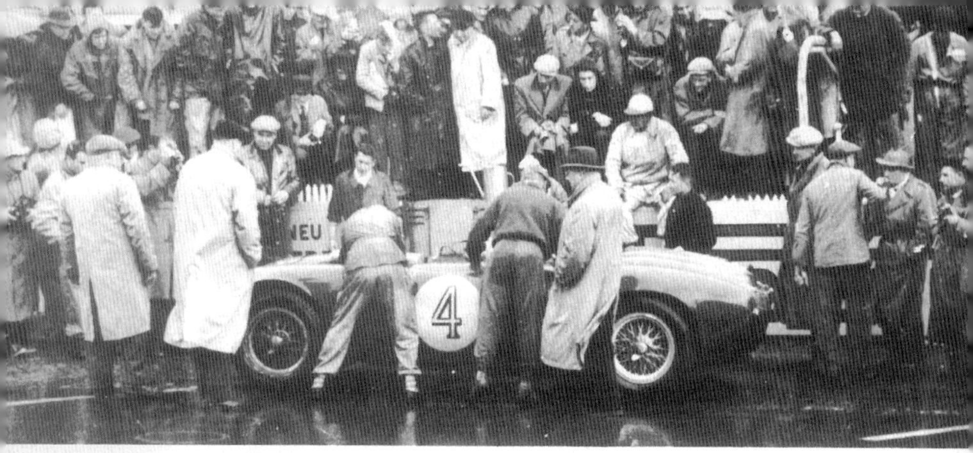

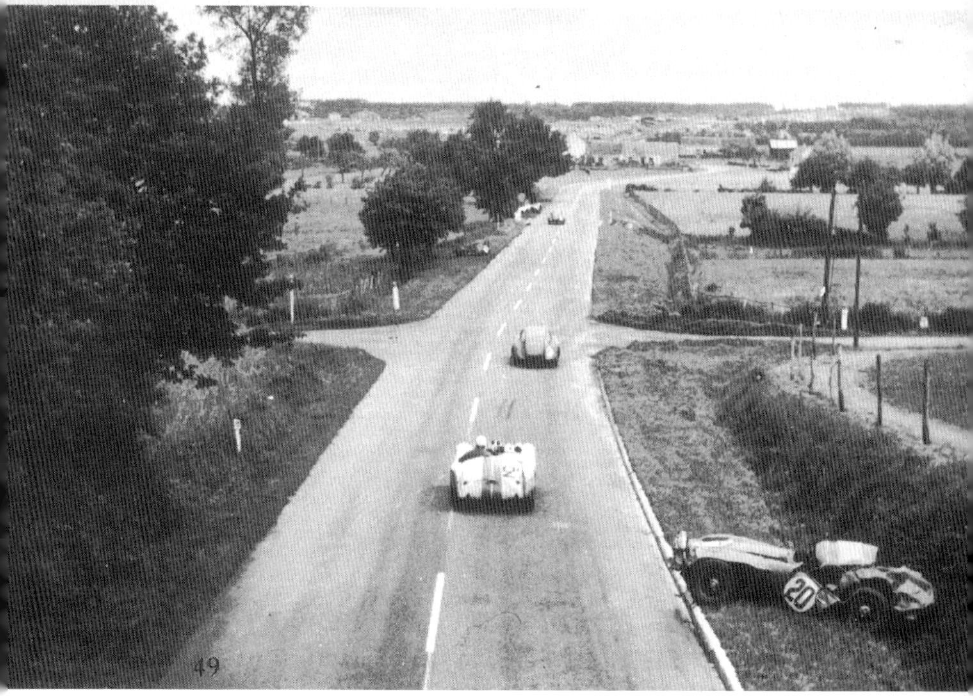

49

48) 1954: Der Ferrari von Trintignant–Gonzales wird bei strömendem Regen zum letztenmal getankt. Der Motor sprang erst zwei Minuten vor dem Vorbeifahren des Jaguar von Rolt–Hamilton wieder an (Archiv).

49) Ein Bristol und ein Cunningham nähern sich der Maison-Blanche-Kurve und passieren die Wracks der Aston-Martin von Bira (Nr. 20), von Jimmy Stewart und des Talbot von Meyrat. Die Fahrer konnten ihren Wagen unverletzt entsteigen (Lemarchand).

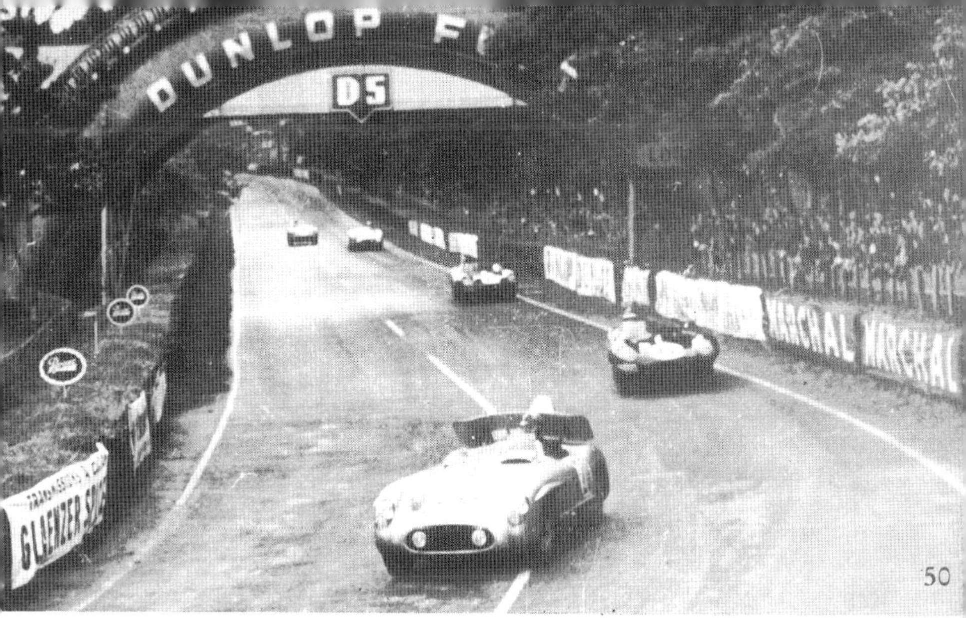

50

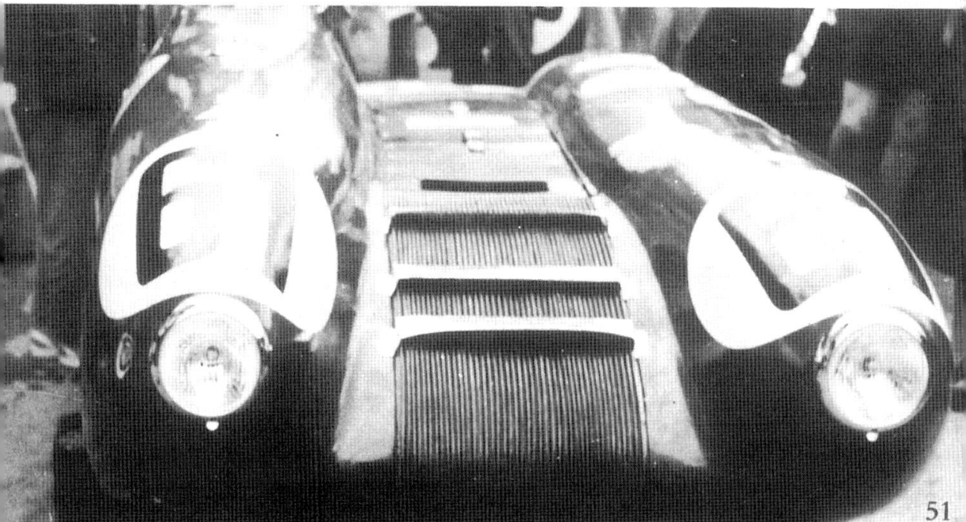

51

50) Während Levegh die Tertre Rouge-Kurve schon wieder verläßt, ist die Luftbremse am Heck seines Mercedes im Rennen von 1955 noch teilweise aufgestellt (Beroul).

51) Einer der seltsamsten Wagen, die man jemals in Le Mans gesehen hat, war der von Damonte gefahrene Nardi-Doppelrumpf. Der Fiat-Giannini-Motor mit 735 ccm Hubraum befindet sich im linken Rumpf; Reserverad, Batterie, Tank etc. sind im Mittelteil, hinter dem Oberflächenkühler. Der Wagen kam jedoch schon in den ersten Runden von der Bahn (Vaillant).

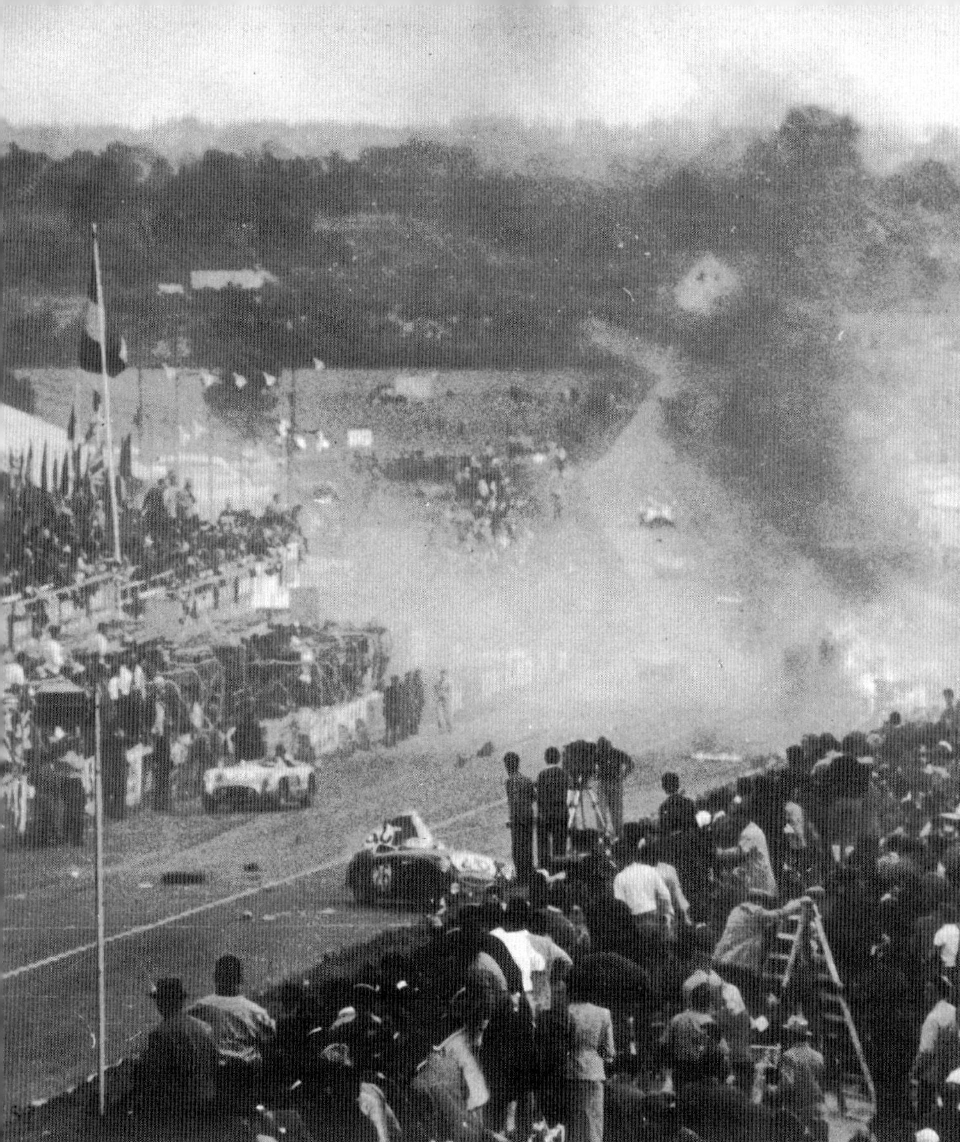

52) Einige Augenblicke nach der Katastrophe von 1955: Kling weicht den auf der Strecke herumliegenden Trümmern aus, während Hawthorn an der Boxe aus seinem Jaguar steigt. Der Austin-Healey von Macklin, der vom Mercedes von Levegh gerammt worden war, steht auf der Strecke quer. Die Reste des Mercedes verbrennen auf der Barriere (Richartz).

meinen, der Mann am Lenkrad sei von der Geschwindigkeit berauscht und lebe in ständiger Gefahr. Glücklicherweise ist das alles nicht wahr. Der Mann am Lenkrad ist sich dessen, was vorgeht, völlig bewußt und schätzt die Möglichkeiten seines Wagens und seiner Umwelt nüchtern ein. Eine Geschwindigkeit von mehr als 300 km/h zu fahren oder schnelle Kurven mit 230 oder 250 km/h zu nehmen, wenn bei 235 oder 255 km/h der Wagen mit Bestimmtheit herausfliegen würde, das erfordert natürlich ein gutes Reaktionsvermögen, eine perfekte Beurteilung der Vorgänge und einiges Fahrkönnen. Aber das kann man bis zu einem gewissen Grad auch erlernen. Was darüber hinausgeht, das ist die Begabung, die den Weltklasse-Fahrer von den anderen unterscheidet.

Zur Beantwortung der Frage: »Was denkt und was macht ein Fahrer am Lenkrad eines der schnellsten Wagen in Le Mans?«, möchte ich Sie bitten, mich in Gedanken als Beifahrer in einem Ford Mark II jenes Typs zu begleiten, der 1966 das Rennen gewann. Im Wagen des unvergeßlichen Ken Miles war beim Apriltraining 1966 ein Fahrtschreiber montiert. Durch ihn kennen wir jede Geschwindigkeit an jedem Punkt der Strecke, die für eine Rundenzeit von 3 Minuten 42 Sekunden notwendig ist, was einem Durchschnitt von etwa 217 km/h entspricht. Die Aufzeichnungen des Schreibers sind viel genauer als ein Tachometer, den der Fahrer in schwierigen Abschnitten ja ohnehin nicht ablesen könnte. Tachometer gibt es nicht in Rennwagen, weil sich kein Fahrer für seine Geschwindigkeit interessiert. Für ihn gilt nur die Rundenzeit.

Das wichtigste Instrument ist der Drehzahlmesser, auf dem

meistens ein roter Strich anzeigt, wie hoch der Motor gedreht werden darf.

Im Gegensatz zu den meisten heutigen Rennwagen, die fünf oder sechs Gänge haben, begnügt sich der Ford mit seinem gewaltigen Drehmoment aus 7 Liter Hubraum mit nur vier Gängen.

Steigen Sie jetzt, bitte, ein. Zuerst wollen wir die erste Runde zum Eingewöhnen mit ermäßigter Geschwindigkeit fahren. Ich beginne mit dem Kommentar, wenn die zweite Runde bei den Boxen mit nun schon erhöhtem Tempo anfängt. »Wir haben soeben die Maison-Blanche-Kurve passiert, drehen im dritten Gang beschleunigend den Motor voll aus und schalten kurz vor dem Zeitnehmerturm – knapp vor den Boxen – in den vierten Gang. Ein kurzer Blick in den Rückspiegel, und dann wird der Wagen vor den Boxen ganz nach links gezogen, um die sehr schnelle Dunlop-Rechtskurve mit einer leichten Steigung richtig einzuleiten. Ich nehme das Gas weg, bremse ganz kurz und lenke in die Kurve hinein. Ich fahre fast 260 km/h, muß aber darauf achten, daß ich den inneren Straßenrand, auf der rechten Seite, nicht zu früh anpeile. Sonst wird der Wagen zu früh wieder nach links herausgetragen. Das ist sehr gefährlich, denn die Kurve läuft auf einer Kuppe aus, auf welcher der Wagen bei hohem Tempo stark entlastet wird, und wenn er da nicht schon fast gerade steht, wird er ganz bestimmt durch die Fliehkraft nach links herausgetragen. Die geringste Korrektur, zur Straßenmitte hin, würde auf der Kuppe zu einer sicheren Katastrophe führen.

Wir fahren jetzt auf die S-Kurven zu und ziehen dazu den

Wagen vor der ersten Linkskurve nach rechts. Genau bei der 200 Meter-Abstandstafel vor der Kurve bremse ich hart, schalte in den dritten Gang und dann in den zweiten, wobei ich jeweils, ohne von der Bremse zu gehen, mit dem Absatz Zwischengas gebe. Knapp vor der Kurve fährt der Wagen äußerst rechts. Ich drehe das Lenkrad nach links, beschleunige und ziele die Innenseite der Kurve weit nach dem Scheitelpunkt an, um für die unmittelbar folgende Rechtskurve die beste Ausgangsposition zu bekommen. Ich nehme etwas Gas weg, um den Übergang von der Links- in die Rechtskurve zu erleichtern und beschleunige gleich wieder. Der Abschnitt wird mit etwa 125 km/h durchfahren und mit 135 km/h voll beschleunigend verlassen. Die anschließende kurze Gerade wird links gefahren, im Hinblick auf die Tertre Rouge-Rechtskurve, die beim 100 Meter-Schild angebremst wird. Die Kurve selbst durchfahren wir mit etwas mehr als 100 km/h, und dann setzt die volle Beschleunigung ein. Der Wagen treibt dabei auf den Sandwall links zu, der zum Schutze des Publikums dient. Mit diesem Sandwall kam ich aber glücklicherweise nie in Berührung.

Wir befinden uns jetzt auf der Straße nach Tours und können uns dort etwas »ausruhen«, wenn keine anderen Wagen auf der Strecke uns in Schwierigkeiten bringen. Wir schalten auf den dritten Gang hinauf und durchfahren eine leichte Rechtskurve ohne Schwierigkeiten mit Vollgas. Kurz vor dem Hotel de l'Hippodrome, das zur Le Mans-Geschichte gehört, wird der vierte Gang geschaltet. Auf der Hunaudières-Geraden erreicht der Wagen kurz vor der schnellen Rechtskurve seine höchste Geschwindigkeit mit ungefähr 330 km/h.

In einer normalen Limousine merkt man diese leichte Krümmung überhaupt nicht. Im Rennen stellt sie bei Wagen bis maximal 260 km/h, solange es nicht regnet, keine Probleme an den Fahrer. Ganz anders wird es aber bei Wagen, die schneller als 300 km/h laufen. Die Maximalgeschwindigkeit in dieser Kurve liegt zwischen 285 und vielleicht 320 km/h, je nach der Straßenlage, die bei solch hohen Geschwindigkeiten auch von den auf den Wagen einwirkenden aerodynamischen Kräften stark beeinflußt wird. Am wichtigsten ist hier der Auftrieb, der das Fahrzeug entlastet und dadurch seine Bodenhaftung verringert. Bei solchen Geschwindigkeiten wird das Kurvenverhalten von so vielen Faktoren beeinflußt, daß es äußerst schwer ist, die Haftgrenze zu erreichen, zumal, wenn ein Wagen bei 300 km/h ins Schleudern kommt, er kaum noch gefangen werden kann. Die Situation wird auch dadurch noch erschwert, daß die Kurve 200 Meter hinter einer leichten Kuppe liegt, die sie den Augen des tief sitzenden Fahrers gerade verborgen hält. In der Nacht sieht man sie, wenn man nur auf die Bahn schaut, überhaupt nicht kommen. Da muß der Wagen vor der Kuppe schon ganz links sein, um die Kurve sofort ansteuern zu können. Der geringste Fahrfehler zwingt zum Bremsen, oder man fliegt heraus, und das tut bei 300 km/h weh! Keinesfalls darf der Fahrer deshalb das »6 km«-Schild vor der Kuppe übersehen.

Mit allen Wagen, die ich in Le Mans fuhr, konnte ich bei trockener Straße diese Kurve mit Vollgas nehmen. Nachts ist es nicht immer so gewesen. Da sieht man die Kurve erst im letzten Moment und kommt dann leicht etwas von der Ideallinie ab. 1967 konnten die schnellsten Ferrari mit ca. 320

km/h am Tag mit erstklassigen Fahrern hier gerade noch »voll« durchkommen, aber unsere Aufzeichnung zeigt, daß Ken Miles hier mit seinem Ford kurz vom Gas wegging. Wie schnell die Kurve genau genommen werden kann, hat der Fahrer schon im Training herausgefunden, aber sobald andere Wagen auf der Strecke ihn von der Ideallinie verdrängen, stellt sie ein neues Problem, das blitzschnell erfaßt und gelöst werden muß, auf jeden Fall aber zu einem Zeitverlust führt, der viel größer ist als in irgendeiner anderen Kurve der Strecke, außer der bei Maison Blanche.

Habe ich den Wagen auf der richtigen Linie, fahre ich mit Vollgas durch, auf eine 600 oder 700 Meter entfernte Kuppe zu, die die Mulsanne-Kurve verbirgt. Bei der Annäherung zur Kuppe zieht es mir immer das Herz zusammen. Wer weiß, ob sich nicht auf der anderen Seite ein querstehender Wagen befindet. Da der Wagen auf dem Kuppengipfel abheben will, würde dort Bremsen oder Lenken zur sicheren Katastrophe führen. Wir müssen uns einfach auf die Streckenkommissare verlassen.

Die breite Straße mit breiten Rändern brachte bis dahin unsere hohe Geschwindigkeit nicht besonders zum Vorschein. Jetzt spüren wir aber das Tempo. Die rechtwinklige Mulsanne-Kurve rast auf uns zu, wir müssen bis auf 60 km/h herunterbremsen. Bei einer schnellen Runde bleibe ich bis zum »300 Meter«-Abstandsschild auf dem Gas und bremse dann mit voller Kraft. Nie würde ich bei einer so hohen Geschwindigkeit erst so spät bremsen, wenn nicht die nach dem Dorf Mulsanne weiterführende Straße als Auslaufstrecke zur Verfügung stünde, falls ich mich verschätzt hätte oder die Bremsen nicht richtig arbeiteten. Im 24-Stunden-Rennen würde ich – außer wenn es aufs Ganze ginge – schon 100 Meter früher damit beginnen, um die Bremsen etwas zu schonen. Der Bug des Wagens bohrt sich fast in den Boden. Ich helfe den Bremsen, indem ich durch die ganzen Gänge bis in den ersten hinunterschalte, wobei ich, ohne von der Bremse wegzugehen, mit dem Absatz Zwischengas gebe. Am Ende der Bremsstrecke steht das Auto ganz links. Nun muß der Wagen so schnell wie möglich in die Kurve, und da hilft es, wenn das Heck etwas früher ausschwenkt. Das erreiche ich dadurch, daß ich bis in die Kurve hinein noch etwas bremse und dann sofort Gas gebe. Nun driftet der Wagen ganz nach links – wo uns wieder ein Sandhaufen erwartet, wenn ich etwas falsch gemacht habe. Es folgt ein kurzer Blick auf die Signalzeichen. Dann schalte ich in den zweiten, dann in den dritten Gang und schließlich – hinter einer leichten Kurve, die mühelos mit Vollgas zu nehmen ist – in den vierten. Bis zu meinem Anhaltspunkt – der Beginn der Schutzmauer von Arnage – bleibt das Gaspedal voll durchgetreten, dann wird scharf gebremst und in den dritten, dann in den zweiten Gang geschaltet, um die erste schnelle Arnage-Rechtskurve mit 150 bis 160 km/h zu durchfahren. In der Kurve stabilisiere ich den Wagen mit etwas Gas. Die Kurve schneidet man ziemlich spät an, um nicht ganz nach links herausgetragen zu werden, denn es folgt eine Linkskurve – die Indianapolis-Kurve –, die von rechts angefahren und angebremst werden muß. Der Name »Indianapolis« stammt vom früheren Streckenbelag aus Klinkerziegeln, wie ihn die berühmte amerikanische Rennstrecke hat. Man nennt sie heute noch so, obwohl keiner der heutigen Fahrer sie mehr in diesem Zustand erlebt hat. Ich durchfahre sie mit etwas weniger als 100 km/h, beschleunige anschließend voll im zweiten Gang bis zum »100 Meter«-Schild vor der letzten, rechtwinkeligen Arnage-Kurve, die noch langsamer ist als die Mulsanne-Kurve. Während des Bremsens schalte ich auf den ersten Gang zurück. Auch hier erwartet ein Sandhaufen die Ungeschickten.

Es folgt eine Reihe von schönen Geraden mit zwei Linkskurven. Ich schalte in den zweiten, dann in den dritten Gang und fahre ohne Schwierigkeiten voll durch. Mit fast 250 km/h nähere ich mich dann einer ansteigenden Rechtskurve, deren höchster Punkt noch vor dem Kurvenende liegt. Mit jedem Wagen, den ich in Le Mans fuhr, konnte ich sie mit Vollgas nehmen, indem ich den rechten Straßenrand erst unmittelbar vor der Kuppe anzielte und dann den auf der Kuppe entlasteten Wagen nach links auslaufen ließ. Dieser Ford aber ist so schnell, daß ich etwas vom Gas gehen muß. Dann bleibt das Gas bis zu einer kleinen Brücke über einen Bach stehen, der den sonderbaren Namen »Roule crotte« führt. Nach kurzem Bremsen gehe ich in die erste Rechtskurve, die ich relativ spät anschneide, bleibe auf der rechten Seite und beschleunige leicht, um den Wagen zu beruhigen, wenn ich die Linkskurve von der Maison Blanche anziele. Am Scheitelpunkt fährt das linke Vorderrad bei über 200 km/h über die weiße Linie am linken Straßenrand und berührt sogar manchmal das Gras. Wer aber den inneren Kurvenrand auch nur um einen Meter verfehlt und sich zu weit heraustragen läßt, dem kann es übel gehen, denn rechts am Kurvenausgang lauert die Schutzmauer ...

Nun beschleunigen wir wieder auf der Geraden vor den Boxen voll und fliegen auf die Dunlop-Kurve zu. Die Runde ist beendet. Vielleicht können Sie sich jetzt vorstellen, was es heißt, eine schnelle Runde in Le Mans zu fahren. Ich nahm achtmal am 24-Stunden-Rennen teil und kam dabei sechsmal ans Ziel. Einschließlich des Trainings waren das insgesamt rund 16 000 km auf Porsche, Aston-Martin, Jaguar und Ferrari. Jedes dieser Rennen, jeder dieser Wagen brachte mir neue Erinnerungen, traurig, fröhlich, aber immer unvergeßlich.

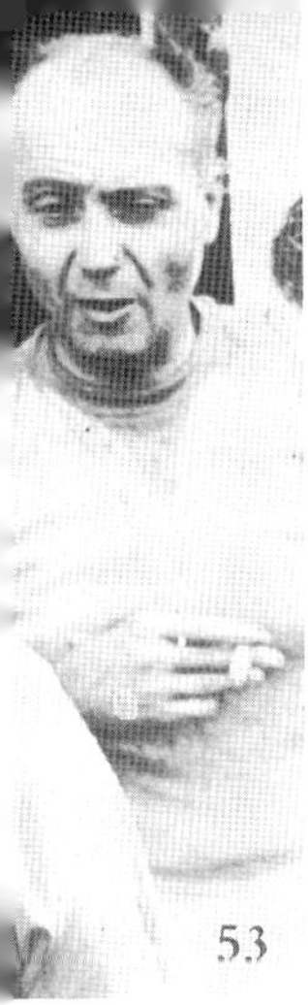

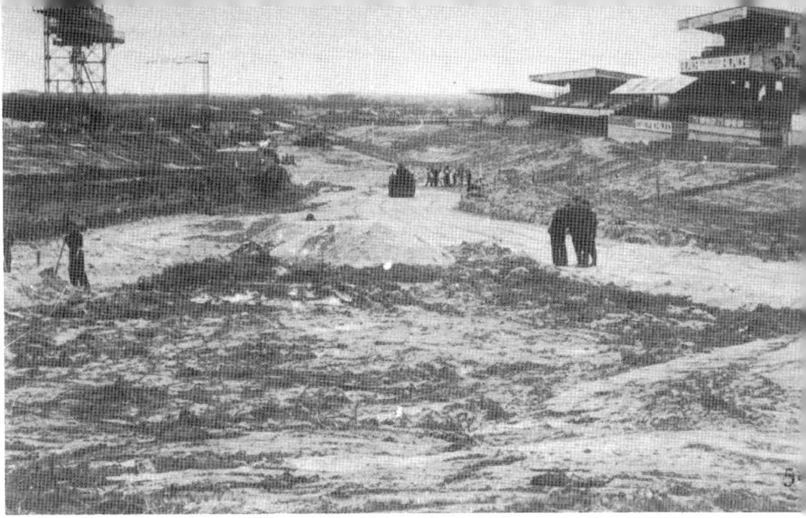

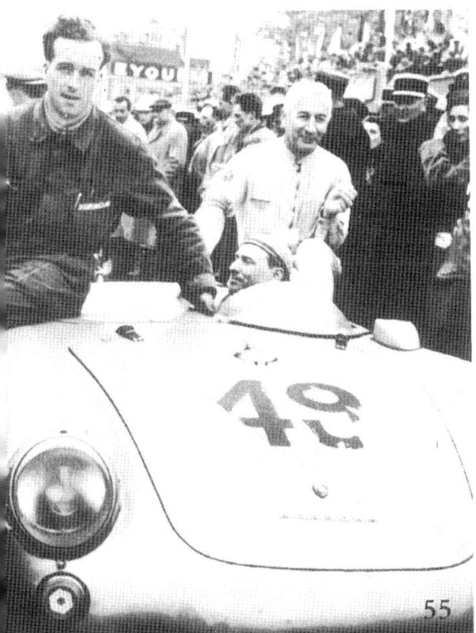

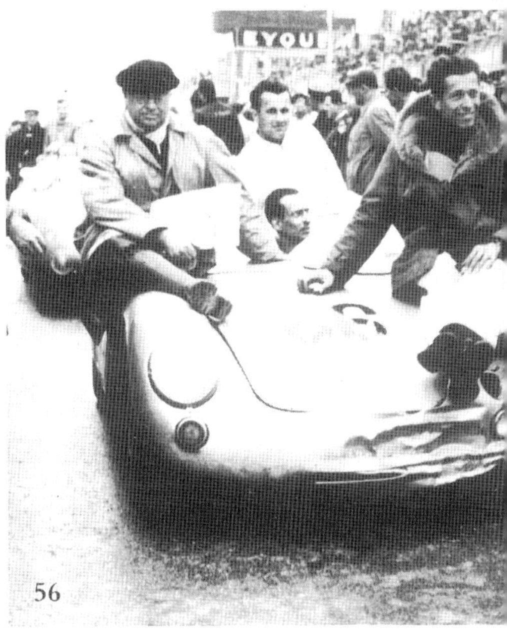

53) Pierre Levegh wurde bei der Katastrophe von 1955 getötet. Sein tapferer Kampf drei Jahre zuvor hatte ihm die Einladung gebracht, einen Mercedes zu fahren (Beroul).

54) Die Umbauarbeiten an der Strecke (The Motor).

55) Die Indexwertung holten sich die Porsche mit von Frankenberg–Polensky und Veuillet (am Lenkrad) –Zora Arkus-Duntov, dem Schöpfer der Chevrolet Corvette und graue Eminenz hinter dem Chaparral (Beroul).

56) Bei seinem ersten Start machte Olivier Gendebien einen spektakulären Dreher, dessen Spuren an dem Porsche noch zu sehen sind, den er zusammen mit Seidel (am Lenkrad) fuhr. Er vollbrachte später die einzigartige Leistung, viermal das 24-Stunden-Rennen zu gewinnen (Beroul).

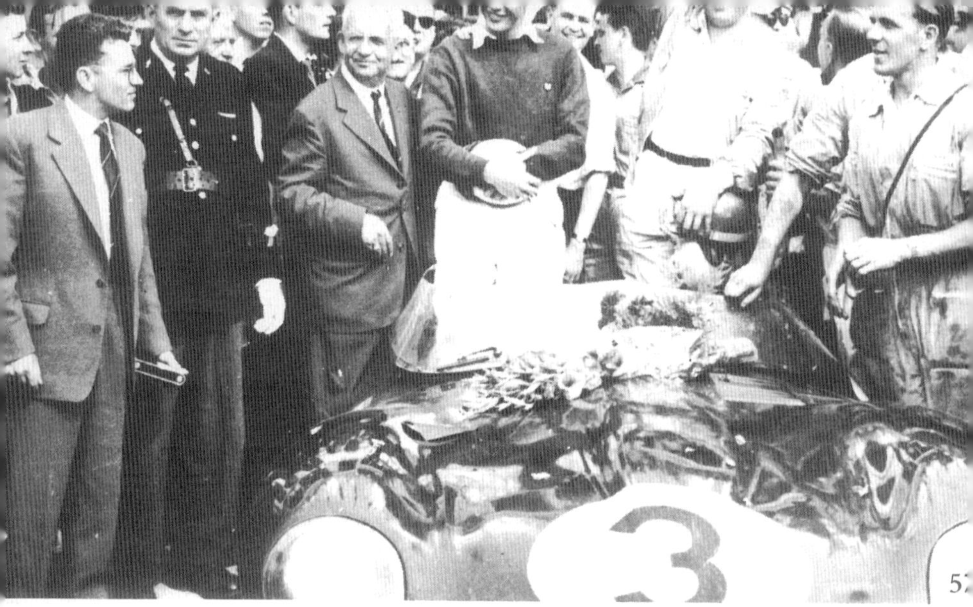

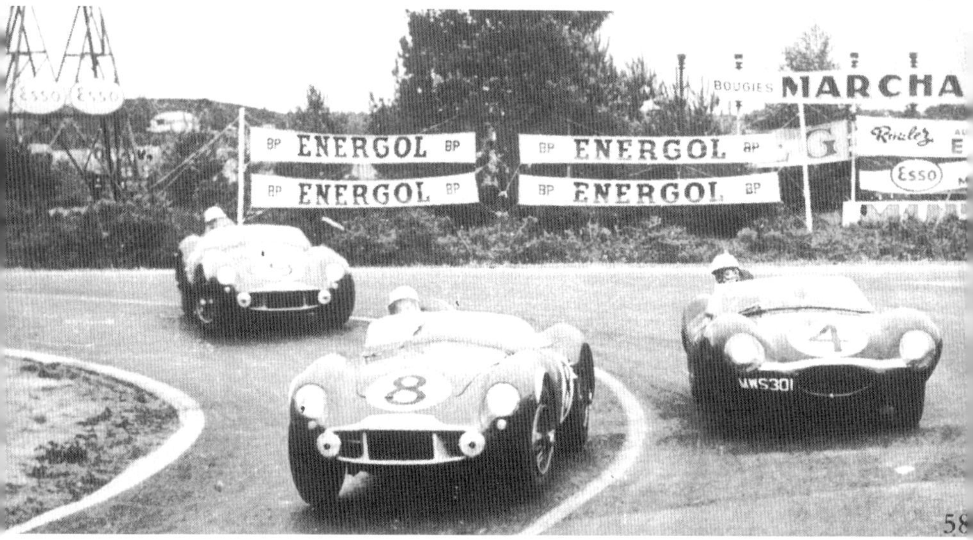

57) 1957 gingen die ersten vier Plätze an Jaguar. Flockhart und Bueb holten sich den Sieg auf einem 3,8 Liter-Modell mit Einspritzmotor (Beroul).

58) Das Rennen des vorhergehenden Jahres war gekennzeichnet vom Duell zwischen Flockhart–Sanderson (auf dem Jaguar Nummer 4) und Moss–Collins (auf dem Aston-Martin Nummer 8). In einer der ersten Runden überholt Moss auf der Innenseite der Mulsanne-Kurve Flockhart, während die nasse Bahn Salvadori sichtlich zu schaffen macht (Archiv).

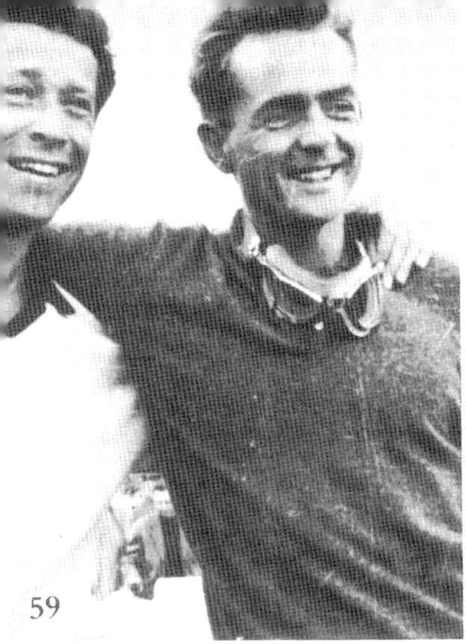

59

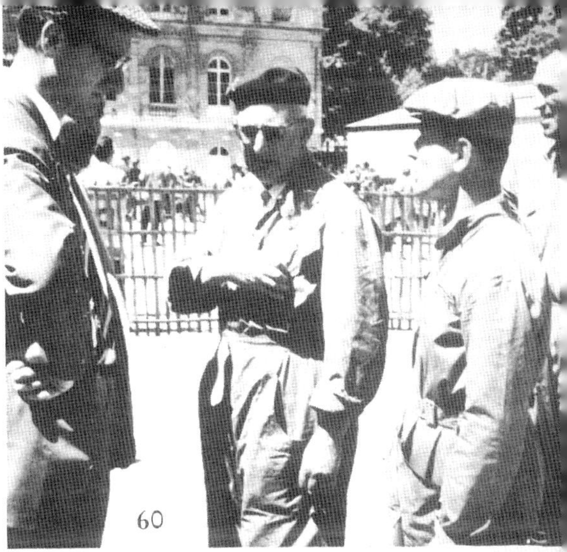

60

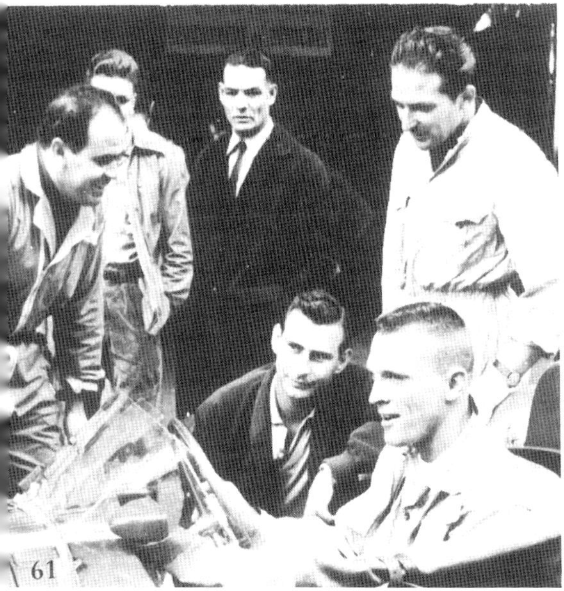

61

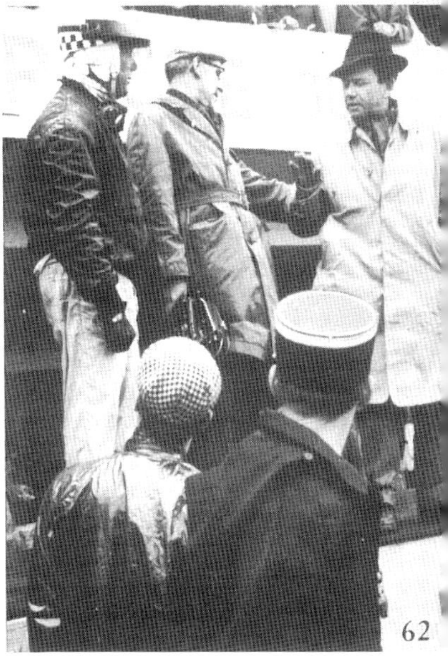

62

59) Olivier Gendebien und Phil Hill nach ihrem ersten Sieg 1958. Zusammen gewannen sie insgesamt sieben Mal (Archiv).

60) Einige Männer hinter den Ferrari-Siegen (von links nach rechts): Rennleiter Romolo Tavoni, technischer Berater Amorotti Ferrari, der für die Motoren verantwortliche Cav. Bazzi und Chefmechaniker Marchetti (Beroul).

61) 1958 startete ein damals noch unbekannter Amerikaner, Dan Gurney. Sein Beifahrer Bruce Kessler (hinter dem Wagen kniend) kam im Regen von der Fahrbahn ab (Beroul).

62) Gegen Schluß des Rennens gab es am Porsche von Behra–Herrmann Schwierigkeiten mit den Bremsen. Hier erklärt Ferry Porsche dem Fahrer Behra, daß er nun langsamer fahren solle, da der dritte Platz gesichert sei (RNUR).

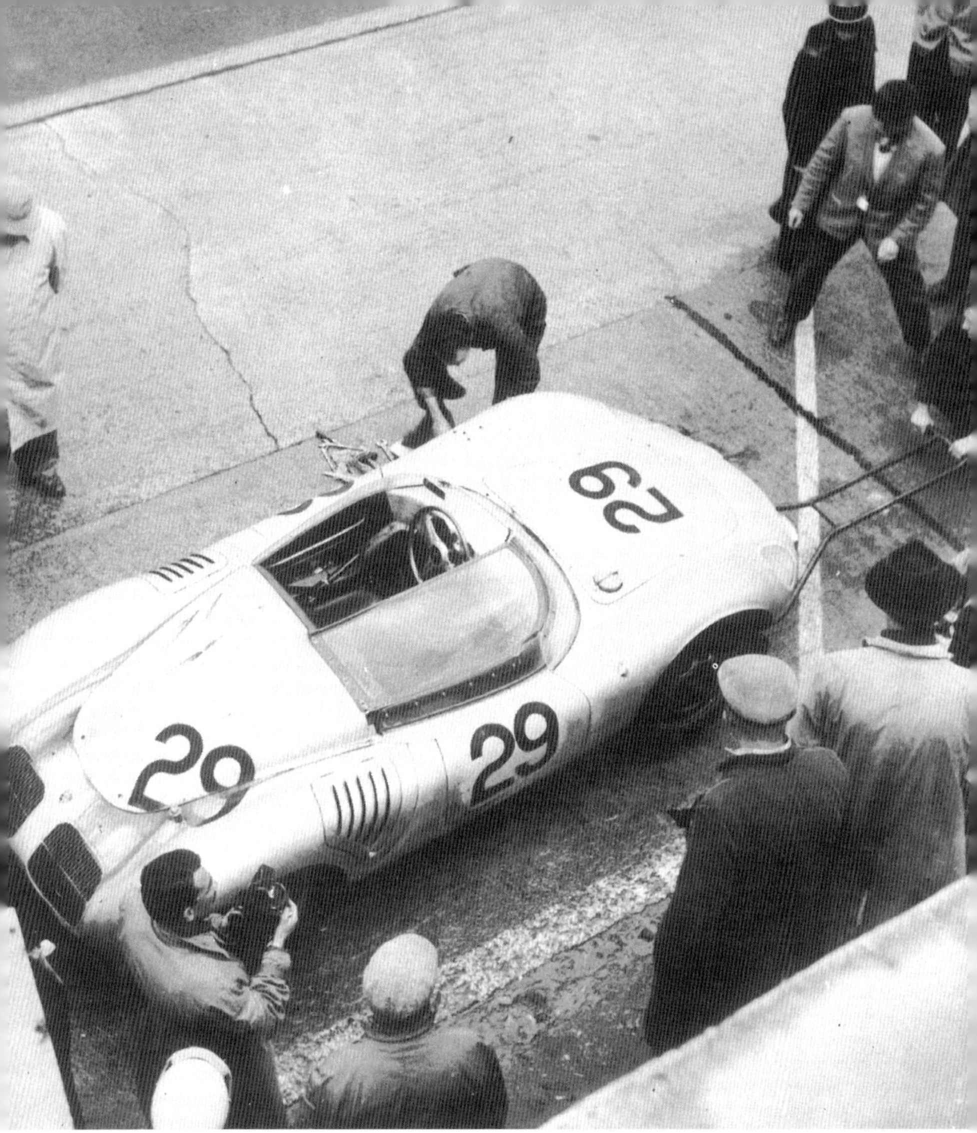

63) Am Porsche von Behra–Herrmann wird im Rennen von 1958 eine komplette Bremse ausgewechselt (Archiv).

DIE WAGEN BEIM 24-STUNDEN-RENNEN

Die beim 24-Stunden-Rennen gestarteten Wagen spiegeln die ganze Entwicklung der Automobiltechnik in 45 Jahren wieder. Mit Ausnahme einiger seltener Fälle, in denen die Ergebnisse durch äußere Einflüsse verfälscht wurden, waren immer diejenigen Wagen in der Gesamt-, in der Index- oder in der Verbrauchswertung siegreich, die am besten im Stande waren, in 24 Stunden die längste Strecke im Rahmen der strengen Reglementvorschriften zurückzulegen.

In der Regel neigen die Industrieprodukte dazu, in Form und Ausführung einander immer ähnlicher zu werden. Das 24-Stunden-Rennen spiegelt im Automobilbau eine entgegengesetzte Entwicklung wieder. In den ersten Jahren waren die teilnehmenden Wagen nach den damaligen Maßstäben viel »klassischer«, und sie glichen einander stärker. Alle Wagen bei den ersten vier Rennen von 1923 bis 1926 hatten einen Rahmen mit Längsträgern, einen vornliegenden Motor, starre Vorder- und Hinterachsen sowie Blattfedern. Die einzige, minimale Abweichung im Vergleich zur Mehrheit bildeten die kleinen S.A.R.A. mit einem luftgekühlten Motor von 1100 ccm, die mit gewissem Erfolg an den 24-Stunden-Rennen der ersten Jahre teilnahmen. Die Luft wurde durch ein vorn liegendes Gebläse angesaugt und durch einen Blechmantel auf den Zylinderkopf und von dort entlang den Längsrippen der vier Zylinder geleitet. 1926 starteten zwei 18 CV Peugeot mit ventillosem (Knight-)Vierzylinder-Schiebermotor von 3,8 Liter Hubraum. Sie lagen lange Zeit in der Spitzengruppe, kamen aber nicht ins Ziel. Einer davon fiel – an zweiter Stelle liegend – wegen Bruchs des Windschutzscheibenrahmens aus.

Am häufigsten waren Motoren mit einer obenliegenden Nokkenwelle (bei Salmson sogar zwei) oder Stoßstangenmotoren vertreten. Es gab damals jedoch auch noch zahlreiche Motoren mit stehenden Ventilen, die gute Resultate erzielten: ein 2 Liter-O.M. gewann 1926 den Coupe Biennale; ein 4,1 Liter-Chrysler wurde 1928 dritter in der Gesamtwertung; ein unter Fiat-Lizenz gebauter Simca-5 holte sich 1938 den Sieg in der Indexwertung. Aber nur zweimal – 1925 und 1926 – holte sich ein einfacher Stoßstangenmotor den Sieg (Lorraine). Die übrigen Siegerwagen von 1923 bis 1930 hatten Motoren mit einer obenliegenden Nockenwelle (1923 – Chenard et Walcker; 1924 und 1927 bis 1930 – Bentley).

Die interessantesten Wagen der ersten Jahre waren zweifellos die kleinen 1100 ccm Chenard et Walcker, die sich 1925 in der Indexwertung den Coupe Biennale und den Coupe Triennale holten. Ihr Vierzylindermotor mit einer obenliegenden Nockenwelle hatte auf der linken Seite vom Zylinderblock einen Drehschieber, der einen Auspuffschlitz öffnete, um eine möglichst vollständige Spülung der Zylinder zu erreichen. Ingenieur Tontée entwarf diese Wagen für die damalige Zeit überaus kompakt. Erstmals hatte man sich bei ihnen in einem am 24-Stunden-Rennen teilnehmenden Typ ernsthaft darum bemüht, den Luftwiderstand zu verringern. Die Karosserie, die ihrer Form wegen »Tank« genannt wurde (Tank = französisch für »Panzerwagen«), umschloß den ganzen Wagen einschließlich der Hinterräder. Die Wagen wurden nur einmal in Le Mans werksseitig eingesetzt, weil das Werk später keine Rennen mehr beschickte. Ihrer Zeit waren sie konstruktiv aber so weit voraus, daß noch 1937 – zwölf Jahre später – ein Chenard et Walcker das 24-Stunden-»Bol d'Or«-Rennen in Montlhéry gewann (zugelassen waren nur Wagen bis 1,1 Liter Hubraum). Der gleiche Wagen lag im gleichen Jahr in Le Mans in seiner Klasse an der Spitze, bis er ausfiel. Ein Wagen dieses Typs nimmt heute einen Ehrenplatz im Automobilmuseum von Le Mans ein. Bei den endlosen Debatten, die heute um die Zulassung bestimmter Wagen zu sportlichen Veranstaltungen geführt wurden, muß man sich fragen, wie die Chenard et Walcker überhaupt starten durften. Bei der Abnahme mußten sich damals die Herstellerfirmen nämlich ehrenwörtlich verpflichten, daß mindestens 30 Stück des gemeldeten Typs gebaut worden waren. Es steht aber fest, daß außer vier oder fünf Stück, die an diversen Rennen im Jahre 1925 teilnahmen, keine weiteren Wagen dieses Typs produziert wurden. Der später in kleiner Serie gebaute, sogenannte »Tank« von Chenard et Walcker, mit 1,5 Liter-Motor, hatte mit der Rennausführung nichts gemeinsam. Wahrscheinlich entstanden auch von anderen teilnehmenden Wagen niemals 30 Stück, aber ihren Herstellerfirmen konnte man wenigstens die Absicht oder Hoffnung nicht absprechen, davon so viele bauen zu wollen. Beim Chenard et Walcker, der ein reiner Rennwagen war, traf nicht einmal das zu.

Trotz seiner stromlinienförmigen Karosserie und seines bemerkenswerten Motors war der 1,1 Liter-»Tank«-Chenard in seiner Grundkonzeption klassisch. Erst 1927 rollte ein ganz ungewöhnlicher Wagen zum Start, der Tracta mit Vorderradantrieb und vier unabhängig geführten Rädern. Wie alle Frontantriebswagen jener Zeit hatte auch der Tracta wegen der aneinandergereihten mechanischen Aggregate (von vorn nach hinten: Differential, Getriebe, Kupplung, Motor) eine sehr lange Motorhaube, unter der sich ein 1100 ccm-SCAP-Motor verbarg. Der weit zurückliegende Motor ergab für einen Fronttriebler eher ungünstige Gewichtsverhältnisse. Trotzdem verfügte der Tracta über eine für die damalige Zeit außerordentlich gute Straßenlage, die sich offenbar aus dem sehr tiefliegenden Schwerpunkt und der Einzelradaufhängung ergab. 1927 startete nur ein Wagen, den sein junger Konstrukteur J. A. Grégoire und Lucien Lemesle fuhren. Er beendete das Rennen, und auch die späteren Modelle gleicher Bauart schnitten bei den 24-Stunden-Rennen bis 1930 sowie 1933 und 1934 relativ gut ab.

Die einzigen anderen Frontantriebswagen in Le Mans vor der zehnjährigen Unterbrechung durch den Krieg waren 1928 die 1,5 Liter-Alvis, die 1,5- und 1,7 Liter-Adler (mit guten Placierungen in den Jahren 1937 und 1938) und zwei erfolglose 2 Liter-Derby von 1934. Einen davon fuhr Geo Ham, dem wir viele herrliche Aquarelle vom Rennen verdanken.

Den ersten Sieg eines Kompressorwagens, zugleich auch den ersten eines Achtzylinders, holten sich Birkin-Lord Howe 1931 auf dem 2,3 Liter-Alfa Romeo. Dies war auch der erste Sieg eines Wagens mit zwei obenliegenden Nockenwellen. Dieser erfolgreiche Typ beherrschte die 24-Stunden-Rennen von 1931 bis 1934. Später gewann nur noch einmal ein Kompressorwagen (Bugatti im Jahre 1939), obwohl in Le Mans die Kompressor-Motoren nie verboten wurden. Nur galt in der Indexwertung für sie ein größerer Hubraum.

Als erster Wagen mit einzeln geführten Vorderrädern (aber Antrieb auf die Hinterräder) kam 1935 der 3,2 Liter-Delahaye von Michel Paris und Marcel Mongin auf dem fünften Platz ins Ziel. Aber schon 1939 hatten nur zehn der 42 gestarteten Wagen noch eine starre Vorderachse. Der letzte Wagen mit starrer Vorderachse war der Cunningham C5R, 1953 Dritter in der Gesamtwertung. Und erst im gleichen Jahr erschien mit dem AC das erste Fahrzeug mit vier unabhängig geführten Rädern und Hinterradantrieb.

Aus verständlichen Gründen hat nie ein Frontantriebswagen den Gesamtsieg in Le Mans geholt, nicht so aber in der Indexwertung. Das erklärt sich dadurch, daß bei einem relativ kleinen Hubraum und entsprechend hohem Leistungsgewicht die Kraftübertragung auf die Vorderräder nicht auf die gleichen Probleme stößt. Von 1950 bis 1962 gewann die Indexwertung zehnmal ein Frontantriebswagen, immer mit dem luftgekühlten Zweizylinder-Panhard-Motor; nur dreimal bei 13 Starts gelang einem Panhard-Motor der Sieg nicht. Trotzdem stand 1966 und 1967 nur noch ein einziger Frontantriebswagen am Start.

Die große Revolution in der Konstruktion der Wagen, die am 24-Stunden-Rennen teilnahmen, kam mit dem Mittelmotor (hinter dem Fahrer, aber vor den Hinterrädern). Die Entwicklung wurde durch das Reglement gefördert, das seit langer Zeit schon für alle Hubraumklassen zweisitzige Karosserien zuläßt. Die heutigen Prototypen sind reine Rennwagen, die mit Fahrzeugen für den normalen Gebrauch wenig gemeinsam haben. Nur noch fünf aller 1967 gestarteten 55 Wagen hatten einen vornliegenden Motor.
An den 16 Rennen vor dem Zweiten Weltkrieg nahm kein einziger Heckmotorwagen teil. Erst 1951 erschien als erster der Porsche mit einem luftgekühlten 1,1 Liter-Motor, dessen Triebwerk bis auf die Zylinderköpfe noch weitgehend dem VW-Motor entsprach. Veuillet und Mouche kamen damit auf den 21. Platz. Obwohl der Panhard-Motor, der von 1950 bis 1962 in der kleinsten Hubraumklasse dominierte, auch luftgekühlt war, waren luftgekühlte Motoren damals in Rennen noch so ungewöhnlich, daß eine offizielle Pressemitteilung einen Porsche-Ausfall einmal auf einen »Defekt der Wasserpumpe« zurückführte. Seit der Zeit der SARA, deren Teilnahme auf die Jahre 1923 bis 1929, dann auch 1933, zurückgeht, bleiben aber Porsche und Panhard die einzigen luftgekühlten Wagen, die in Le Mans gefahren sind. Porsche führte 1953 als erste Firma auch den Mittelmotor ins 24-Stunden-Rennen ein, der heute die überwiegende Mehrheit darstellt. 1966 hatten 47 der insgesamt 55 gestarteten Wagen einen Mittelmotor. Das trifft auch für alle seit 1963 siegreichen Wagen in der Gesamt- und Indexwertung zu. 1967 verteilten sich die Bauarten folgendermaßen: Mit-

telmotor 45 Wagen; Heckmotor 5 Wagen; Frontmotor 5 Wagen.

Auch die beiden Turbinenwagen von 1963 und 1965 hatten einen Mittelmotor. Als Fahrgestell galt ein von B. R. M. entwickelter Gitterrahmen, dessen vordere und hintere Radführungen dem Formel I-Rennwagen der gleichen Firma entsprachen. Der von Rover entwickelte Turbinen-Motor bestand aus einem Abgas-Gebläse, das die Brennkammern mit Luft versorgte, und einer – ohne Kupplung und Getriebe – direkt an das Differential angeblockten Turbine. Mit Kerosin als Kraftstoff gab 1963 der Motor 160 PS ab und verbrauchte rund 40 Liter auf 100 km bei einem Schnitt von 173 km/h. 1965 war die Turbine mit einem Regenerator (rotierender Wärmetauscher zwischen den heißen Auspuffgasen und der vom Lader ausgestoßenen Frischluft) bestückt, der die Leistung auf 145 PS herabsetzte. In dieser Ausführung wurde der Rover-BRM Zehnter in der Gesamt- und Neunter in der Verbrauchswertung (mit ca. 25 Liter auf 100 km). Die höchste Drehzahl des Verdichters betrug 65 000 U/min; die Turbine drehte mit maximal 37 000 U/min und der Regenerator mit 20 U/min.

Die 1952 siegreichen Mercedes 300 SL hatten als erste einen Gitterrohrrahmen und eine geschlossene Karosserie. Später gewannen Coupés nur noch dreimal, nämlich 1965, 1966 und 1967. Die Jaguar D-Siegerwagen von 1955 bis 1957 hatten als erste eine selbsttragende Karosserie. Nach ihnen wiesen nur noch die 1966 und 1967 siegreichen Ford eine ähnliche Struktur auf.

Es folgen statistische Angaben zur Technik der Wagen, die

beim 24-Stunden-Rennen gewannen, und zwar entweder in der Gesamtwertung (seit 1923) oder in der Indexwertung (seit 1925) oder nach der Verbrauchsformel (seit 1959).

GESAMTWERTUNG

35 Rennen von 1923 bis 1967

Zylinderzahl	
Vierzylinder	4 Siege (1923, 1924, 1927 und 1928)
Sechszylinder	14 Siege (von 1925 bis 1959)
Achtzylinder	8 Siege (von 1931 bis 1967)
Zwölfzylinder	9 Siege (von 1949 bis 1965)
Ventilsteuerung	
Stoßstangen, Kipphebel	7 Siege (von 1925 bis 1967)
eine obenliegende Nockenwelle	16 Siege (von 1923 bis 1965)
zwei obenliegende Nockenwellen	12 Siege (von 1931 bis 1959)
Lage des Motors	
vorn	30 Siege (von 1923 bis 1962)
Mitte	5 Siege (von 1963 bis 1967)
Karosserie	
offen	31 Siege (von 1923 bis 1964)
geschlossen	4 Siege (1952, 1965, 1966, 1967)
Lenkung	
rechts	30 Siege (von 1923 bis 1967)
links	5 Siege (1925, 1926, 1952, 1958, 1965)

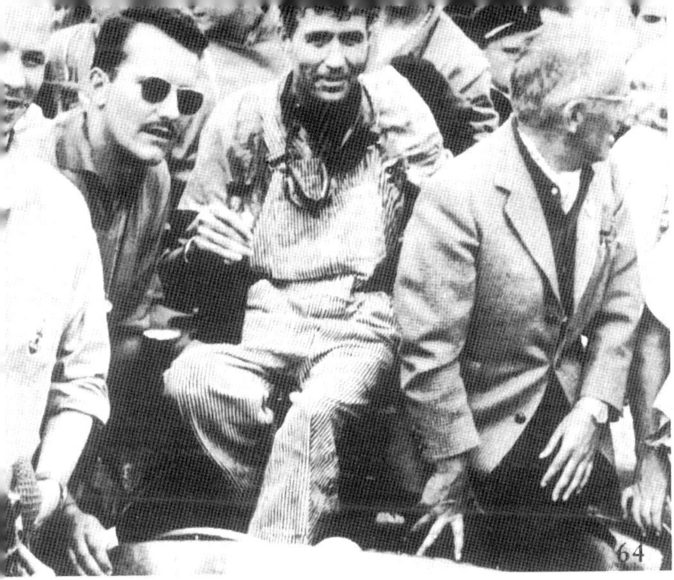

64

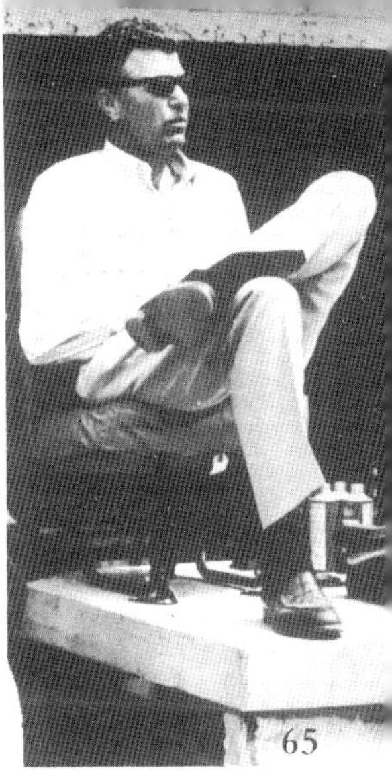

65

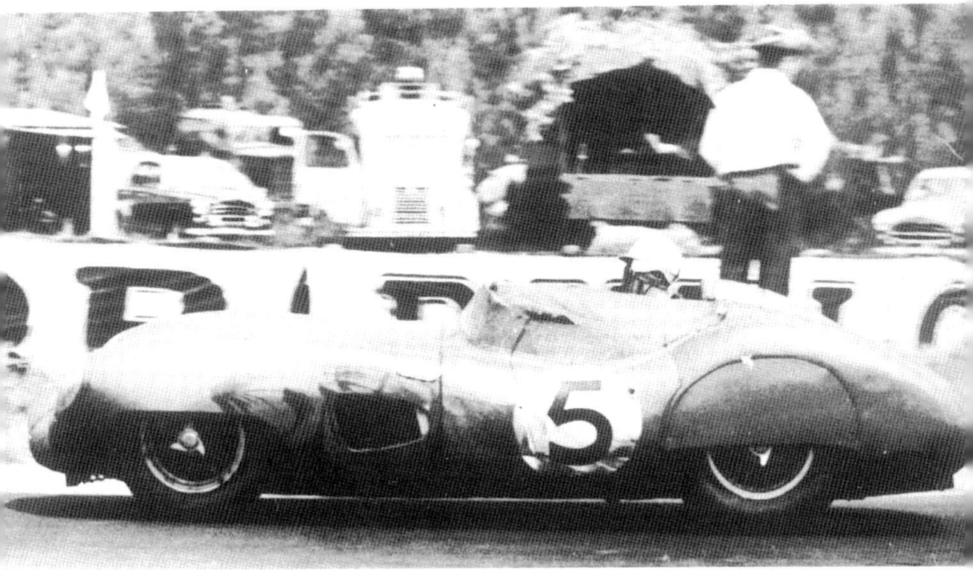

64) und 65) Wo ist Roy? David Brown (rechts auf dem linken Bild) scheint nach dem Sieg des Aston-Martin im Jahre 1959 den Beifahrer Roy Salvadori zu suchen, damit er den Champagner mittrinke. Der Fahrer mit dem struppigen Haar und der sonderbaren Aufmachung ist niemand anders als Carroll Shelby, den wir (Bild rechts) – sieben Jahre später – noch einmal sehen, wie er in tadelloser Kleidung den Ford-Sieg überwacht, für den er weitgehend verantwortlich ist (Beroul).
66) Der Aston-Martin von 1959 wurde durch die teilweisen Radverkleidungen um 10 km/h schneller (Saunier).

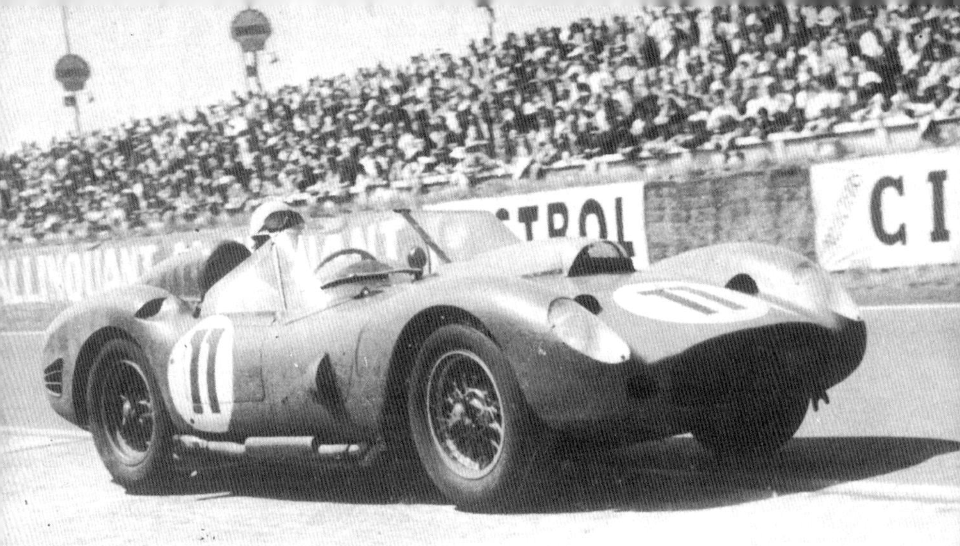

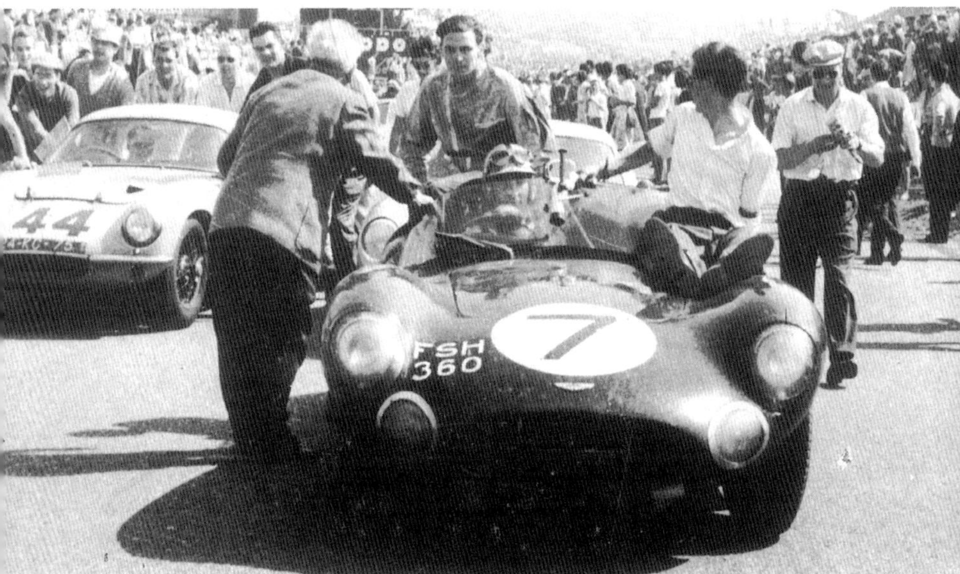

67) Paul Frère geht nach dem letzten Boxenaufenthalt mit dem Ferrari wieder auf die Piste, um (zusammen mit Olivier Gendebien) 1960 endgültig den Sieg zu holen (Beroul).
68) 1960 fragte man: »Wer ist denn dieser Jim Clark, den sich Roy Salvadori als Beifahrer ausgesucht hat?« Jetzt wissen wir es, und sie wurden mit ihrem alten Austin-Martin immerhin Dritte (Archiv).

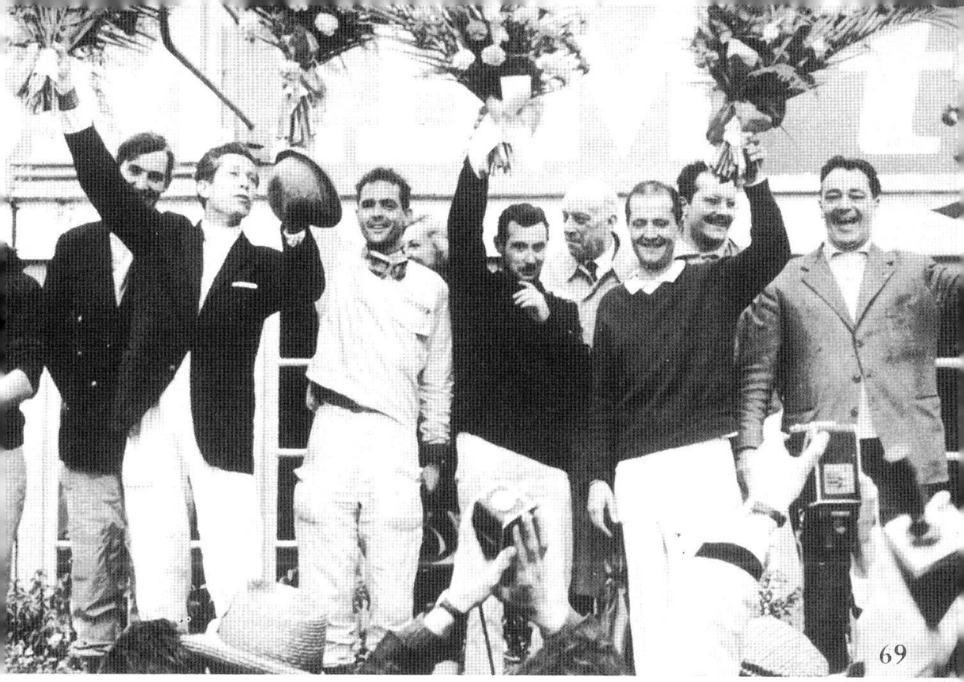

69

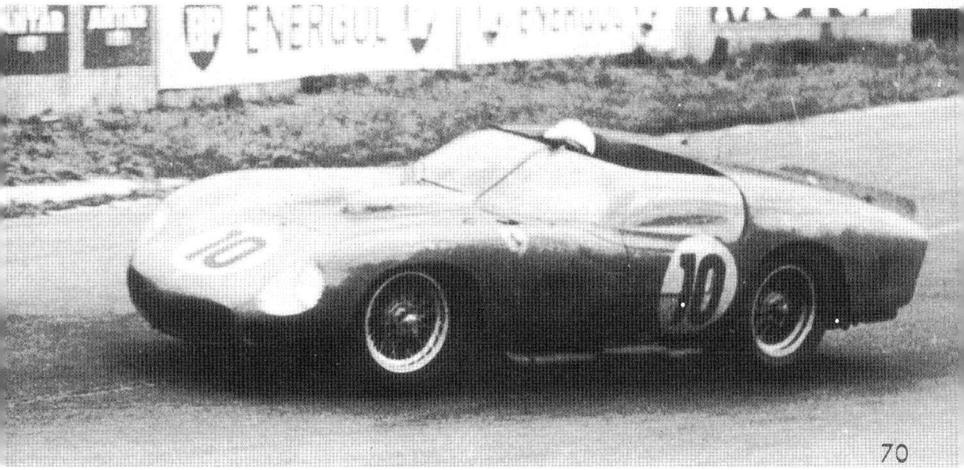

70

69) Die Sieger von 1961. Von links nach rechts mit den Blumen: Olivier Gendebien, Phil Hill, Robert Bouharde, Gérard Laureau und René Bonnet, der Konstrukteur des in der Indexwertung siegreichen D.B. Ganz links sieht man Willy Mairesse und Mike Parkes, Zweite in der Gesamtwertung (Beroul).

70) Die Karosserieverbesserungen am Ferrari von 1961 erhöhten die Spitzengeschwindigkeit um 15 km/h im Vergleich zum Vorjahre. Der siegreiche Wagen wurde von Gendebien und Hill (hier am Lenkrad) gefahren (Lafay).

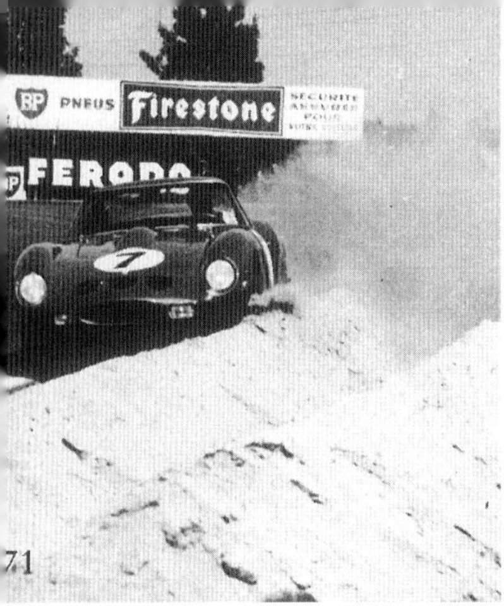

71

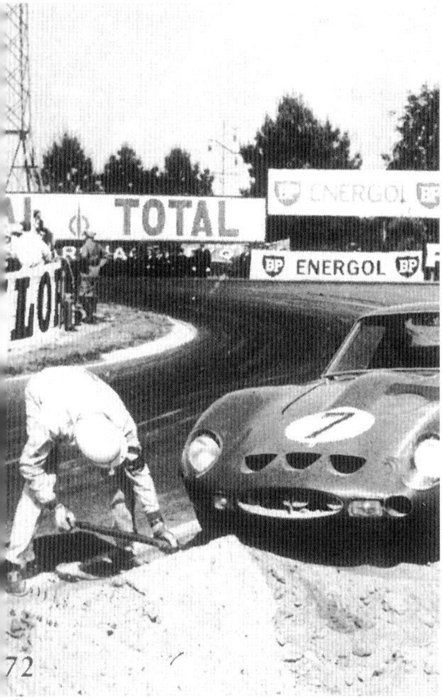

72

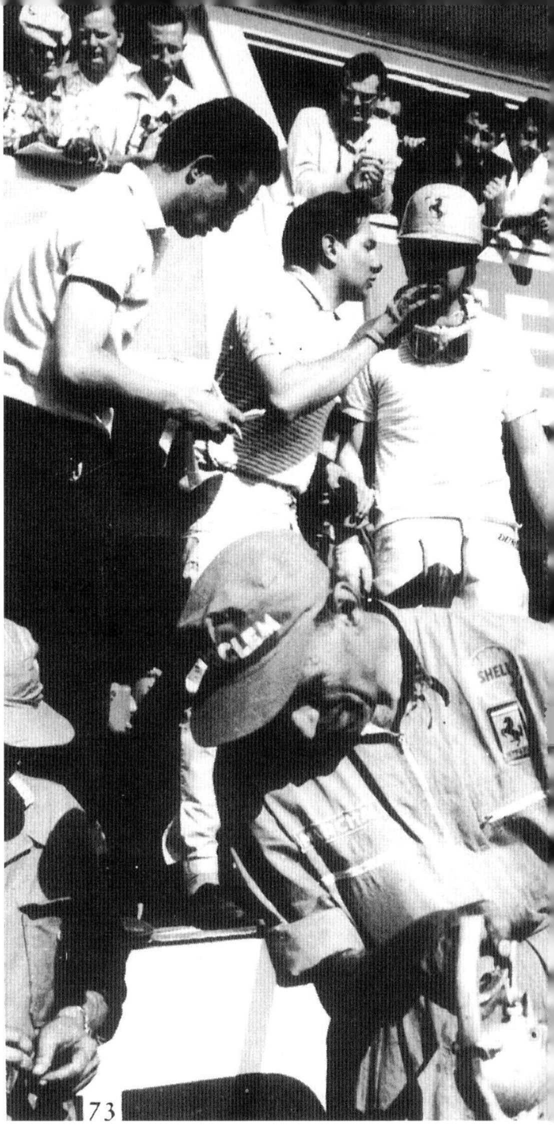
73

71) und 72) Zwei Sandwälle schützen in der Mulsanne-Kurve die Zuschauer und die Fahrer, wenn sie von der Strecke abkommen – wie hier Mike Parkes auf einer 4 Liter-Ferrari-Berlinetta. Den Fahrern darf beim Freischaufeln niemand helfen, aber immer findet sich ein guter Geist, der vor dem Rennen in der Nähe der Sandwälle eine Schaufel bereitlegt ... (Lafay).

73) Jeder in Le Mans hätte die Brüder Rodriguez (den 19jährigen Ricardo und den 21jährigen Pedro) 1961 gern siegen sehen. Während des Rennens blieben sie stets den führenden Gendebien und Hill auf den Fersen und schieden schließlich mit Motorschaden aus (Rosenthal).

INDEXWERTUNG

33 Rennen von 1925 bis 1967
mit einer ex aequo-Placierung 1950

Zylinderzahl

Zweizylinder	10 Siege (von 1950 bis 1962)
Vierzylinder	11 Siege (von 1952 bis 1958)
Sechszylinder	7 Siege (von 1926 bis 1967)
Achtzylinder	3 Siege (von 1931 bis 1937)
Zwölfzylinder	3 Siege (1949, 1963 und 1964)

Ventilsteuerung

Stehende Ventile	2 Siege (1926 und 1938)
Stoßstangen, Kipphebel	15 Siege (von 1930 bis 1962)
eine obenliegende Nockenwelle	8 Siege (von 1925 bis 1967)
zwei obenliegende Nockenwellen	9 Siege (von 1927 bis 1958)

Lage des Motors und Kraftübertragung

Motor vorn, Hinterradantrieb	19 Siege (von 1925 bis 1958)
Motor vorn, Vorderradantrieb	10 Siege (von 1950 bis 1962)
Mittelmotor, Hinterradantrieb	6 Siege (1955, 1963 bis 1967)

Karosserie

offen	29 Siege (von 1925 bis 1964)
geschlossen	5 Siege (von 1950 bis 1967)

Lenkung

rechts	17 Siege (von 1925 bis 1964)
links	17 Siege (von 1938 bis 1967)

VERBRAUCHSFORMEL

(1959 bis 1966)

Zylinderzahl

Zweizylinder	1 Sieg (1959)
Vierzylinder	7 Siege (1960 bis 1966)
Achtzylinder	1 Sieg (1967)

Ventilsteuerung

Stoßstangen, Kipphebel	4 Siege (von 1959 bis 1967)
eine obenliegende Nockenwelle	3 Siege (von 1960 bis 1964)
zwei obenliegende Nockenwellen	2 Siege (1965 und 1966)

Lage des Motors und der Kraftübertragung

Motor vorn, Vorderradantrieb	1 Sieg (1959)
Motor vorn, Hinterradantrieb	4 Siege (von 1960 bis 1964)
Mittelmotor, Hinterradantrieb	4 Siege (1963 bis 1967)

Karosserie

offen	1 Sieg (1959)
geschlossen	8 Siege (1960 bis 1967)

Lenkung

rechts	4 Siege (von 1960 bis 1967)
links	5 Siege (von 1959 bis 1966)

EIN JAHR ARBEIT FÜR EIN 24-STUNDEN-RENNEN

Das 24-Stunden-Rennen ist tot, es lebe das 24-Stunden-Rennen! Jedes Jahr sagen das die Organisatoren des »Automobile Club de l'Ouest«, sobald das Rennen beendet ist. Das sagen aber auch die Herstellerfirmen und die Bewerber, Sieger und Besiegte, die bald wieder mit Blick auf die nächste Teilnahme an die Arbeit gehen.

Für den A.C.O. umfaßt die Rennorganisation drei völlig verschiedene Bereiche: das Studium des Reglements und dessen Auslegung, die Durchführung der Sicherheitsvorschriften und die finanzielle Seite des Rennens.

Der A.C.O. weiß sehr genau, daß sein Rennen die längsten und genauesten Vorbereitungen seitens der teilnehmenden Firmen erfordert. Deshalb bespricht die Sportkommission des A.C.O. jeweils schon kurz nach der Ferienzeit das Reglement des 24-Stunden-Rennens des nächsten Jahres. Das ist schwieriger, als es auf den ersten Blick aussieht. Das Reglement zeichnet sich seit jeher durch Beharrlichkeit in seinen Zielen aus. Jedes Jahr müssen aber die in früheren Rennen gemachten Erfahrungen ausgewertet und auch die Fortschritte der Automobiltechnik berücksichtigt werden. Außerdem müssen die einzelnen Punkte den allgemeinen Vorschriften der Startkommission der »Fédération Internationale de l'Automobile« (kurz C.S.I.) entsprechen, da sonst das 24-Stunden-Rennen nicht zur Markenweltmeisterschaft der Sportwagen gewertet werden könnte, zu der es als wichtigster Lauf gehört.

Schon oft hat die C.S.I. für die Vorschläge der Veranstalter des 24-Stunden-Rennens viel Verständnis gezeigt. Dennoch wurde 1955 das Rennen nicht für die Sportwagen-Markenweltmeisterschaft gewertet, als der A.C.O. nur Prototypen bis 2,5 Liter Hubraum zuließ und den Kraftstoffverbrauch auf 25 Liter für 100 km begrenzte. Trotzdem fanden sich viele Teilnehmer ein, so daß dieses Rennen weder in der Qualität noch in der Quantität den vorhergehenden nachstand. Das 24-Stunden-Rennen hat nämlich einen solch weltweiten Ruf, daß ein Sieg dort größere wirtschaftliche Auswirkungen hat als die Weltmeisterschaft selbst.

Die besonderen Rennbestimmungen waren beim 24-Stunden-Rennen jedoch stets strenger als bei anderen Wettbewerben. Das trifft für die geforderten Mindestabstände zum Nachfüllen von Öl und Wasser zu, die jedes Jahr zu Ausfällen oder Ausschlüssen führen; außerdem gilt nur in Le Mans, daß komplette mechanische oder elektrische Aggregate (oder auch die Batterie) nicht ausgetauscht werden dürfen. Zur Beachtung dieser Bestimmungen ist ein Heer von Kontrolleuren tätig, die bei jedem Tankstop die Einfüllstutzen für Wasser, Öl und Kraftstoff plombieren. Damit wird das regelwidrige Nachfüllen vor den Mindestabständen verhindert und außerdem sichergestellt, daß nur der vom Veranstalter ausgewählte und gelieferte Kraftstoff getankt werden kann.

Die Index-Wertung ergibt sich aus einer Formel, die im Hinblick auf den Hubraum die zur Wertung zurückzulegende Mindestdistanz festlegt, während eine andere die Verbrauchswertung bestimmt. Diese Formeln werden von Jahr zu Jahr den Erfahrungen sowie den Fortschritten im Auto- und im Straßenbau angepaßt. Man muß heute von einem Wagen mit gleichem Hubraum mehr verlangen als vor vierzig oder noch vor zehn Jahren!

Außerhalb Frankreichs wird oft behauptet, die Indexwertung begünstige Wagen mit kleinem Hubraum, zu denen fast alle französischen Wagen gehören. Es stimmt zwar, daß mit einer Ausnahme (1,5 Liter-Porsche von 1955) von 1950 bis 1962 stets Wagen mit weniger als 750 ccm Hubraum gewonnen haben; davon stammten nur zwei nicht aus Frankreich. Zu bemerken ist aber, daß die kleinvolumigen Wagen meist erst in der zweiten Hälfte des Rennens auf die ersten Plätze kommen. Das ergibt sich daraus, daß Fahrer von großen und kleinen Wagen unterschiedliche Taktiken befolgen. Die großen Wagen streben in erster Linie den Gesamtsieg oder zumindest einen guten Platz in der Gesamtwertung an. Sie verlangsamen ihre Geschwindigkeit und fahren auf Ankommen, sobald sie es können, ohne sich um die Indexwertung zu kümmern. Dagegen streben die Fahrer kleiner Wagen wohl oder übel nur einen guten Platz in der Index- und in der Verbrauchswertung an und müssen darum bis zum Schluß kämpfen, denn an diesem Kampfe sind alle Wagen, die noch im Rennen sind, groß oder klein, bis ans Ende beteiligt.

Wegen der wichtigen Vorarbeiten, die das Rennen erfordert, bemüht sich der A.C.O., das Rennreglement stets schon anläßlich einer Konferenz Anfang Dezember des Vorjahres, also sechs Monate vor dem Rennen, bekanntzugeben. Allgemein werden die anfragenden Firmen aber auch schon vorher über die wesentlichen Punkte unterrichtet.

Unter den großen Rennen gibt es auf der Welt nur zwei,die an die Teilnehmer kein Startgeld auszahlen: Le Mans und Indianapolis. Im Gegenteil: Für jede Nennung, die keineswegs auch eine Startzusage bedeutet, muß eine Kaution von 3000 Francs bezahlt werden, die spätestens am 28. (oder eventuell 29.) Februar beim Veranstalter eintreffen muß. Es gibt trotzdem immer mehr Anmeldungen als die 55 Startplätze, die nach den Sicherheitsvorschriften des Innenministeriums für die Streckenlänge zulässig sind. Die Auswahl der Teilnehmer erfolgt durch ein Wahlkomitee, das die vorliegenden Anfragen bewertet und sich bemüht, alle möglichst gerecht zu behandeln – keine leichte Aufgabe. Die Auswahl wird zwei Wochen nach Nennungsschluß öffentlich und den einzelnen Bewerbern mitgeteilt. Dabei bestimmt das Komitee noch 15 zusätzliche Starter als Ersatz, die einspringen können, falls eine bereits nominierte Mannschaft auf den Start verzichten muß. Die Ersatzstarter erfahren aber erst nach dem zweitägigen, nicht pflichtmäßigen April-Vortraining, in welcher Reihenfolge sie zum Einspringen zugelassen werden. Die Ersatzstarter haben also großes Interesse daran, zum Vortraining zu erscheinen und gute Leistungen zur Schau zu stellen. Die nicht auserwählten Bewerber und auch die Ersatzstarter, deren Wagen abgenommen wurden, die aber wegen fehlender Absagen dann doch nicht am Rennen teilnehmen können, erhalten ihr Nenngeld selbstverständlich zurück.

Man kann sich schon vorstellen, daß die Rennorganisation jährlich eine Million Francs erfordert, wenn man sich die vielfältigen Aufgaben vor Augen hält. Dazu gehören die vorgeschriebenen Sicherheitsvorkehrungen (in Zusammenarbeit mit den Behörden und der Polizei), das Verlegen unzähliger Licht- und Telefonkabel, die Organisation des Kartenverkaufs, der Zuschauerplätze und der Unterhalt der ständigen Streckeneinrichtungen einschließlich der Privatstraße. Dazu kommen noch die vom Staat zu tragenden Kosten für die Herrichtung der öffentlichen Straßen, die etwa 85 Prozent der Streckenlänge ausmachen. 1966 wurde die Privatstraße des A.C.O. um das gesamte Stück von Maison Blanche bis zum Beginn der Dunlop-Kurve vergrößert. Diese Straße wurde gegen die hinter den Tribünen vorbeiführende Straße (die dem A.C.O. gehörte) ausgetauscht. Das vor die Boxen führende Stück kann infolgedessen jetzt permanent abgesperrt werden und gliedert sich in die kleine Rennstrecke, »Circuit Bugatti« genannt, ein, ohne daß der A.C.O. hierzu besondere Genehmigungen anfordern muß. Zusätzlich zum Rennetat von einer Million Francs sieht der A.C.O. auch einen Sonderetat von durchschnittlich 500 000 Francs vor, der ausschließlich der Verbesserung der Strecke und deren Einrichtungen dient. Damit konnte der Club in den letzten zehn Jahren die Sicherheitseinrichtungen für

Fahrer und Zuschauer verbessern, neue Tribünen bauen und die bestehenden vergrößern und vor allem das »Dorf« gewaltig erweitern.

Zum Dorf gehören die provisorischen und ständigen Einrichtungen innerhalb der Strecke zwischen den Boxen und Tertre Rouge, vor allem auch entlang dem Fahrerlager bis zur Dunlop-Kurve. Es entwickelte sich aus Zelten, Jahrmarktbuden und Verkaufs- und Essenständen, die sich mit den steigenden Zuschauerzahlen rund um die Strecke, vor allem bei den Boxen, angesiedelt haben. Die Händler, Budenbesitzer und auch die Firmen der Industrie, die das Rennen unterstützen, indem sie Restaurants, Bars, Waschräume und Schlafgelegenheiten für die Fahrer zur Verfügung stellen, wollten sehr bald dauerhafte Einrichtungen schaffen. So entstand das Dorf, das dem A.C.O. gehört und an Interessenten vermietet wird. Der Club hat es durch den Bau eines Empfangszentrums mit Restaurant, »Welcome« genannt, gefördert, und dort werden auch außerhalb des Rennens viele Empfänge organisiert. Dort schuf er auch ein Automobilmuseum, dessen Sammlung sportlicher Wagen zu den schönsten in Frankreich gehört. Es enthält außerdem viele alte Wagen aus der Gegend um Le Mans und vor allem die ersten französischen Autos von Amédée Bollé.

Allmählich wandelt sich das Dorf in eine richtige kleine und eigenständige Stadt.

Für die Firmen ist die Veröffentlichung des Reglements von großer Bedeutung. In der Regel warten sie zwar nicht darauf, um sich für eine Teilnahme am Rennen zu entscheiden, jedoch haben die Vorausinformationen nur inoffiziellen Charakter.

Erst das von der F.I.A. bestätigte Reglement bildet ihre endgültige Arbeitsbasis. Für die meisten Teilnehmer ist das 24-Stunden-Rennen die wichtigste Veranstaltung des Jahres; schon während des Winters werden die Wagen vorbereitet. Die vorhergehenden Rennen sind ebenfalls eine Art Vortraining. Die dabei gewonnenen Erfahrungen werden für die Wagen, die in Le Mans starten sollen, ausgewertet.

Im Rahmen dieser Vorbereitungen ist für Firmen und auch für die Privat-Fahrer das zweitägige Vortraining besonders wichtig, das der A.C.O. seit 1959 jeweils im April abhält. Den Firmen soll damit die Möglichkeit geboten werden, mit optimal präparierten Wagen am Rennen teilzunehmen. In den drei Monaten bis zum Rennen kann man die dabei gewonnenen Erfahrungen besser auswerten als in der kurzen Zeit vom ersten Donnerstagtraining bis zum Rennen am Samstag. Im Vortraining können die Firmen die Auswirkungen der seit dem Vorjahr durchgeführten Verbesserungen genau ermitteln und dabei einen direkten Vergleich zu der Konkurrenz oder zu den eigenen Rundenzeiten des Vorjahres anstellen. Außerdem kann man das Fahrverhalten bei der Höchstgeschwindigkeit ermitteln, was außerhalb des Sarthe-Rundkurses – selbst auf anderen Rennstrecken – kaum möglich ist.

Das Vortraining hat schon oft Schwierigkeiten mit der Straßenlage zum Vorschein gebracht, die auf den Windauftrieb bei hoher Geschwindigkeit zurückzuführen sind. Oft zeigte es sich, daß kleine Formverbesserungen nicht nur zur Fahrsicherheit beitrugen, sondern auch mehrere Sekunden in der Runde brachten. Beim Apriltraining 1964 zeigte sich ein solcher Windauftrieb bei den dort erstmals fahrenden Ford GT, was sich bei 300 km/h in einer sehr starken Beeinflussung der Kursstabilität auswirkte. Bis zum Rennen konnten die nötigen Verbesserungen vorgenommen werden; in drei Tagen wäre dies aber kaum möglich gewesen. Ford verlor dabei einen seiner Wagen, der wegen dieses Windeinflusses von der Straße abkam und vollkommen zerstört wurde. Das Vortraining verhindert es also auch, daß Wagen im Rennen starten, die nicht nur für ihre Fahrer, sondern auch für die vielen anderen Wagen im Rennen und für die 350 000 Zuschauer gefährlich werden könnten.

1966 zog Porsche im Apriltraining direkte Vergleiche zwischen einem Prototyp mit der normalen Carrera-6-Karosserie und einem anderen, dessen Heck zur Minderung des Luftwiderstandes erheblich verlängert worden war. Diese Spezialausführung erwies sich zu Beginn des Trainings zwar weniger richtungsstabil als die normale Karosserie, sie brachte aber eine um 15 km/h höhere Spitzengeschwindigkeit. Geringfügige Änderungen innerhalb des Vortrainings und später im Werk beließen den Geschwindigkeitszuwachs, ohne die Stabilität zu beeinflussen. Gleichzeitig wurde auch die Frage geklärt, welche Übersetzung im 5. Gang zur bestmöglichen Ausnutzung der Karosserie von Vorteil sei. Das Werk brachte danach drei sehr gut vorbereitete Wagen zum Rennen, die vorzügliche Leistungen boten.

Großen Nutzen hat auch Aston-Martin einmal aus dem Vortraining gezogen. Im April 1959 war der von Carroll Shelby gefahrene schnellste Aston-Martin noch 18 Sekunden pro Runde langsamer als der Ferrari von Phil Hill. Es wurden die Konsequenzen daraus gezogen, und bis zum Rennen wurden die Wagen und vor allem ihre Karosserie so wirksam verbessert, daß es schließlich zwei Monate später zum Sieg reichte.

Zum Apriltraining erscheinen die Firmen meistens mit mehreren Wagen, die unterschiedlich eingestellt und mit verschiedenen Getriebe- und Hinterachsübersetzungen bestückt sind. Während des Trainings wird häufig gewechselt, um die mit Sicherheit günstigste Kombination zu ermitteln. Wenn das abgewickelt ist, ermittelt man außerdem noch den Kraftstoffverbrauch. Zwei Monate später bedarf es dann nur noch der notwendigsten Trainingsrunden, um den guten Gesamtzustand des Wagens zu prüfen und die Fahrer wieder mit der Strecke vertraut zu machen. Das Vortraining ersetzt also seit 1959 praktisch das Freitagtraining, was den Fahrern und Mechanikern die Möglichkeit gibt, vor dem Rennen besser ausruhen zu können.

Auch für die Fahrer, die noch nie in Le Mans gestartet sind, ist das Vortraining sehr nützlich. Sie können die Strecke kennenlernen, ohne daß viele andere Wagen unterwegs sind, die sie behindern könnten. Die Firmen können dabei neue Fahrer prüfen, ohne beim Abschlußtraining vor dem Rennen allzuviele Runden auf den Wagen fahren zu lassen, die später das 24-Stunden-Rennen bestreiten sollen. Allzuoft bedeutet eine zusätzliche Trainingsrunde eine Rennrunde weniger!

Die Vorbereitung auf das 24-Stunden-Rennen beschränkt sich aber nicht nur auf die Entwicklung und Vorbereitung der Wagen nach einem festgelegten Zeitplan, der selten eingehalten wird. Die Organisation darf nichts dem Zufall

überlassen. Dazu gehört der Transport der Wagen ebenso wie die Auswahl des Rennpersonals, Mechaniker, Zeitnehmer und Signalposten. Nur sehr geübte Leute können während der gesamten 24 Stunden die Rundentabellen genau führen, vor allem in den ersten Runden, wenn die Wagen noch in dichtem Pulk fahren, und auch in der Nacht, wenn die Wagennummern schwer zu erkennen sind. Eine sorgfältig geführte Rundentabelle ist aber bei einem Rennen entscheidend wichtig, in dem die Taktik eine große Rolle spielt. Der Rennleiter muß jederzeit seinen Fahrern die richtigen Anweisungen geben können, ob sie schneller oder langsamer fahren oder zum Tanken an die Boxe kommen sollen. Verrechnet er sich um eine Runde, kann der Wagen eventuell ohne Benzin auf der Strecke stehen bleiben. Weil sich der Rundenzähler um eine Runde vertat, gewannen 1935 Pierre Louis Dreyfus und Henri Stoffel nicht das 24-Stunden-Rennen, und wegen eines Zählfehlers in der Lotus-Boxe kam Clark 1966 beim 500-Meilen-Rennen von Indianapolis um den Sieg, was ihn gute 50 000 Dollar kostete!
Für das Team muß die Rennorganisation Transportmittel bereitstellen und für die Unterkunft sorgen. Werkstätten und Hotelzimmer müssen in Le Mans ein Jahr im voraus bestellt werden. Längst sind die Zeiten vorbei, da die Wagen – wie 1957 noch die Jaguar – aus eigener Kraft zum Rennen rollten. Heute kommen die Prototypen nur noch auf Transportern nach Le Mans und fahren nicht einmal die wenigen Kilometer von der Stadt zur Strecke mit eigener Kraft. Ist es nicht im Grunde lächerlich, wenn die Ausschreibung vorschreibt, die Wagen müßten für den Straßenverkehr ausge-

rüstet sein? In manchen Fällen muß man schon Monate zuvor auf Schiff oder Flugzeug Plätze buchen. Die gut geführten Mannschaften stellen hinter den Boxen ein Zelt oder einen Wohnwagen auf, in dem sich Fahrer, Mechaniker und das übrige Boxenpersonal ausruhen können.

John Wyer, der seinerzeit mein Rennleiter bei Aston-Martin war, beherrschte eine solche Organisation ausgezeichnet. Zwei Wochen vor dem Rennen erhielt jedes Mitglied der Mannschaft – ob Fahrer, Mechaniker, Rundenzähler oder Zeitnehmer oder sonst wer – einen genauen Einsatzplan. Er enthielt sämtliche Phasen der Rennvorbereitung von der Abfahrt aus dem Werk bis zur Ankunft der Wagen am Samstagmittag an der Rennstrecke, alle Einzelheiten der Rückfahrt mit den Transportfahrzeugen, Flugnummern, Abfahrts- und Ankunftszeiten und die Hotels, auf die alle Mannschaftsmitglieder verteilt wurden.

Was nicht eingeplant werden konnte, das waren die Rückschläge, wie zum Beispiel der nächtliche Austausch eines Motors oder der Einbau eines neuen Getriebes am Samstagmorgen! Die Mechaniker sind tatsächlich die stillen Helden des 24-Stunden-Rennens. Ihr Rennen dauert nicht 24, sondern oft 60 Stunden, manchmal fast ohne jeden Schlaf und ohne daß die Zuschauer von ihrer Arbeit die geringste Notiz nehmen. Allzuoft scheitern ihre Anstrengungen an irgendeiner kleinen fehlerhaften Schraube oder an einem ungeschickten Fahrer, der gegen eine Barriere oder in den Graben fährt. Sie sind es: die wahren Helden des Rennens!

WOHIN FÜHRT DAS 24-STUNDEN-RENNEN?

Verglichen mit den Wagen von heute, erscheinen die Autos, die 1923 am Start des ersten 24-Stunden-Rennens standen, wie aus einer anderen Welt. Das ist nicht nur auf die Fortschritte der Automobiltechnik zurückzuführen. Die Entwicklung wurde vor allem auch durch das Reglement beein flußt. Vor 1930 boten nur sehr wenige Firmen großmotorige Wagen mit nur zwei Sitzen an; erst später wurden sie beliebter. 1935 bauten Firmen wie Bugatti, Alfa Romeo, Talbot, Delahaye usw. 3 Liter- bis 4 Liter-Typen mit kurzem Radstand und nur zwei Sitzen. Es war deshalb auch logisch, daß solche Wagen in Le Mans zum Start zugelassen wurden. Ab 1937 waren folglich für Wagen mit mehr als 1500 ccm Hubraum keine vier Plätze mehr notwendig.

Dann brach der Krieg aus. Die meisten europäischen und amerikanischen Werke bauten statt Autos nun Kriegsmaterial. Nach Kriegsende kamen sie aus Zeitgründen mit den Vorkriegsmodellen wieder heraus. Mehrere Jahre vergingen, bis neue Modelle in Serie produziert wurden. Die Firmen hatten kein Interesse daran, mit überholten Vorkriegsmodellen im 24-Stunden-Rennen zu starten, wenn doch bald neue und verbesserte Wagen erschienen. Sie wollten sie in Le Mans einer letzten Prüfung unterziehen und dem Publikum bekannt machen. Bis dahin hatte aber das Reglement nur Wagen zum Start zugelassen, von denen mindestens 30 Stück aus der laufenden Produktion gefertigt worden waren.

Logischerweise mußte das Reglement nun in dem Sinne abgeändert werden, daß auch Wagen starten konnten, deren Fertigung aus Zeitgründen noch nicht angelaufen, jedoch geplant war. Dem Mißbrauch wurden dadurch Tür und Tor geöffnet. Der A.C.O. hätte den Mut haben sollen, zwei oder drei Jahre später diese Klausel wieder abzuschaffen. Sehr bald kamen Wagen an den Start, die keineswegs Produktions-Prototypen waren. Es waren reine Rennwagen, von denen, je nach Bedarf, nur ein, zwei, fünf oder sechs Stück ausschließlich für sportliche Zwecke gebaut wurden. Damit war die ursprüngliche Absicht einer Dauerprüfung von serienmäßigen Wagen endgültig verlassen worden.

Heute haben die Prototypen nicht mehr die geringste Ähnlichkeit mit den käuflichen Wagen ihrer Hersteller-Firma, weder in Details, im Triebwerk, noch in der Gesamtkonzeption. Der serienmäßig produzierte Ford Mustang hat mit den Ford Mark 2 und Mark 4, die 1966 und 1967 in Le Mans siegten, nichts gemeinsam. Selbst Ferrari mit einer Produktion von einigen hundert Sportwagen im Jahr startet in Le Mans und anderen Rennen mit Prototypen, die in Form und Gesamtkonzeption keineswegs den Serienwagen entsprechen. Das Reglement hat die Firmen also auf einen Weg geführt, der keinerlei praktischen Wert hat und in einer Sackgasse endet: immer weniger sind die mit den Prototypen gewon-

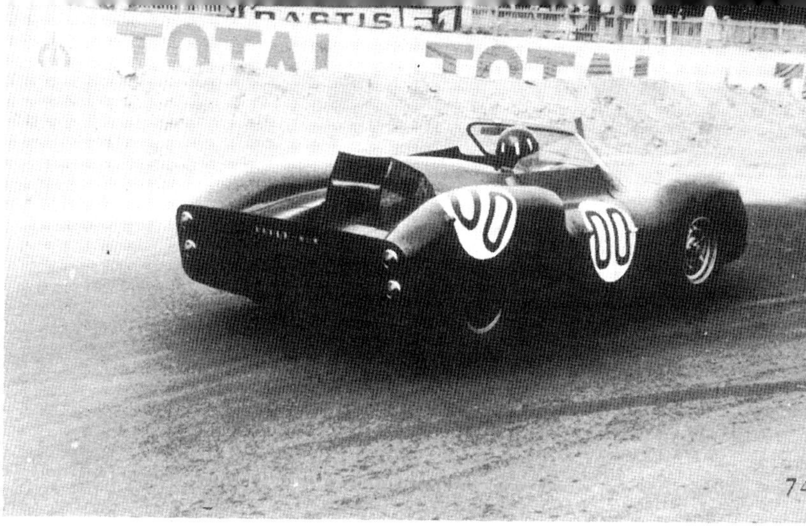

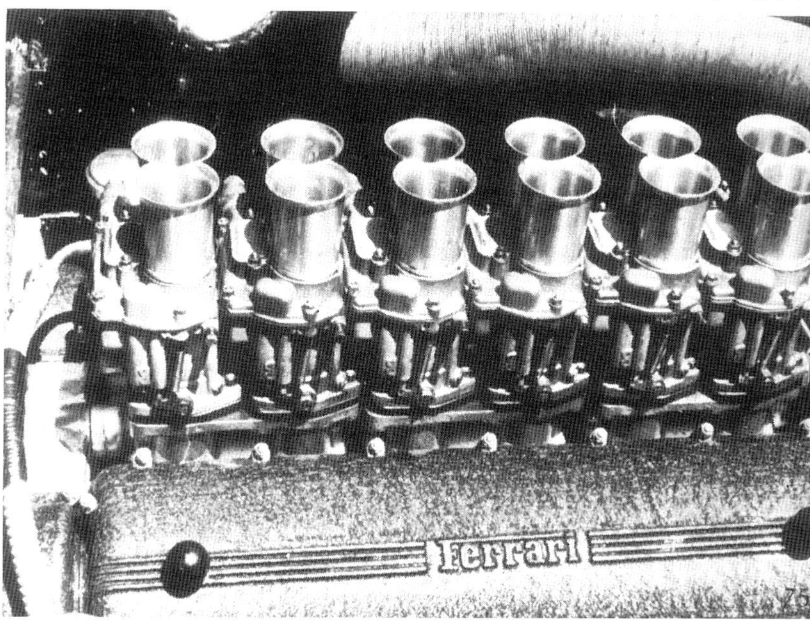

74) »00« bedeutet, daß dieser Wagen außer Konkurrenz startet. Es ist der Rover-B.R.M.-Turbinenwagen, den 1963 Graham Hill (am Lenkrad) und Richie Ginther fuhren (Archiv).

75) Mit dem laufend verbesserten Ferrari-Motor wurde neunmal das 24-Stunden-Rennen gewonnen. Hier die Ausführung von 1963. Die Grundkonstruktion von 1947 stammt vom Ingenieur Colombo (Archiv).

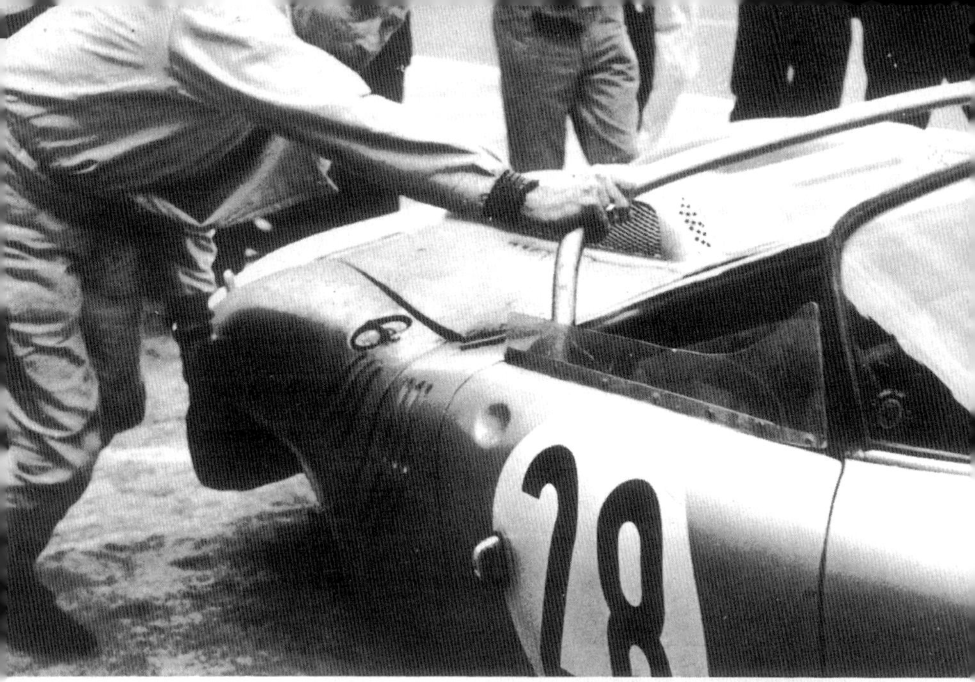

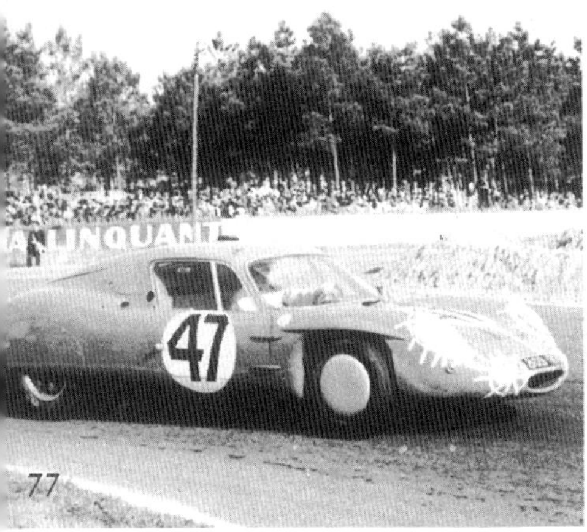

77

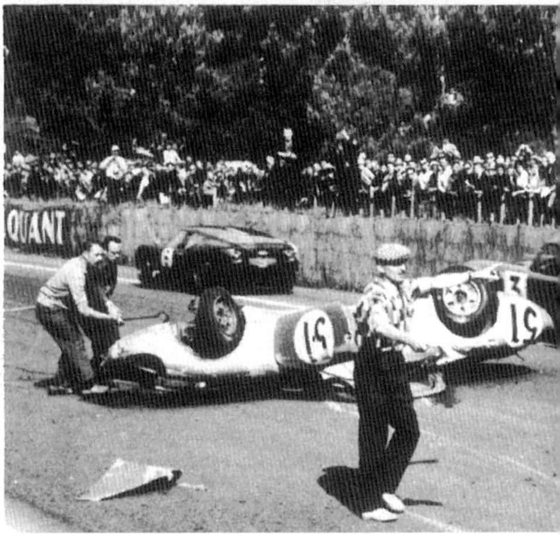

76) 1963 brach beim Porsche von Barth zu Beginn der Boxenzone eine Radnabe ab. Der Fahrer konnte seinen Wagen zur Reparatur bis an die Boxe schieben und wurde noch Achter (Lafay).
77) Dank immer günstigeren Karosserieformen werden die kleinen Wagen immer schneller. Ein Alpine-Renault wie der hier abgebildete (Fahrer: Mauro Bianchi) holte sich im gleichen Jahr den Sieg in der Wertung nach der Verbrauchsformel (Archiv).
78) Glück im Unglück. Roger Masson wurde nur leicht verletzt, als sich sein René Bonnet-Wagen auf der Kuppe nach der Dunlop-Kurve überschlug. Ein Lola-Ford (Vorläufer der späteren Ford) und ein AC-Cobra fahren auf dem Foto gerade vorbei (Lafay).

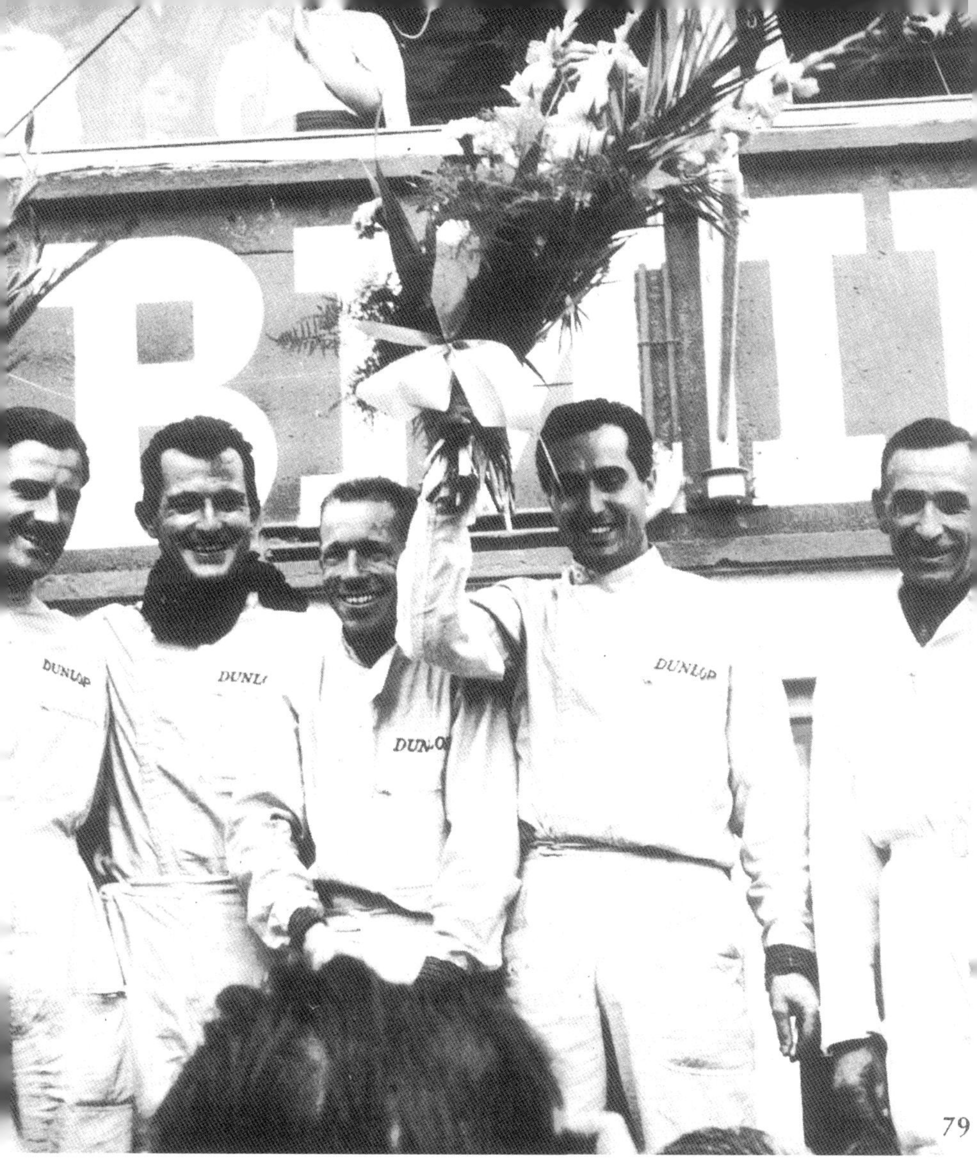

79

79) Die Sieger von 1963, Bandini (rechts, Blumen schwenkend) und Scarfiotti, haben Graham Hill (ganz links) und Richie Ginther mit auf das Podium genommen, die zum erstenmal mit einem Turbinenwagen in einem Rennen starteten und es mit 173 km/h Schnitt auch beendeten (Lafay).

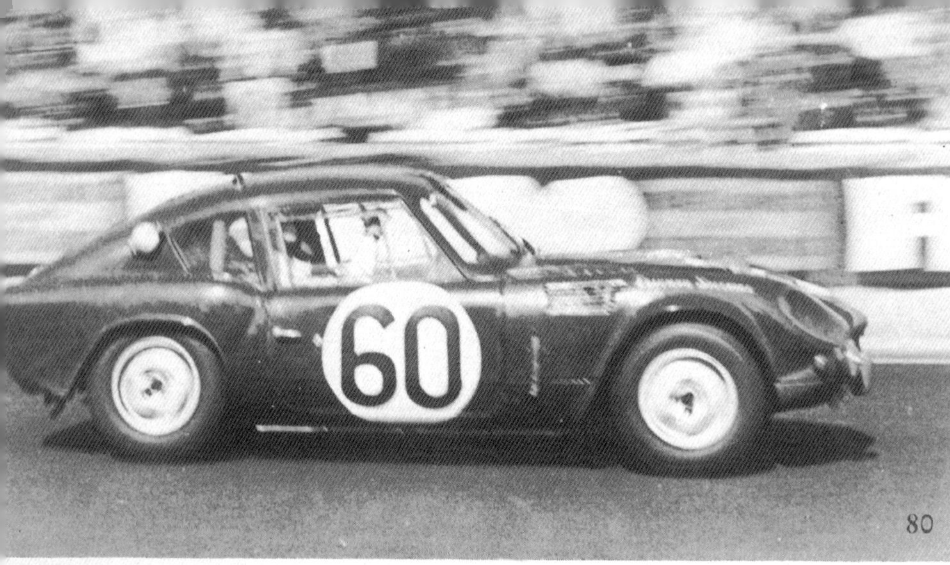

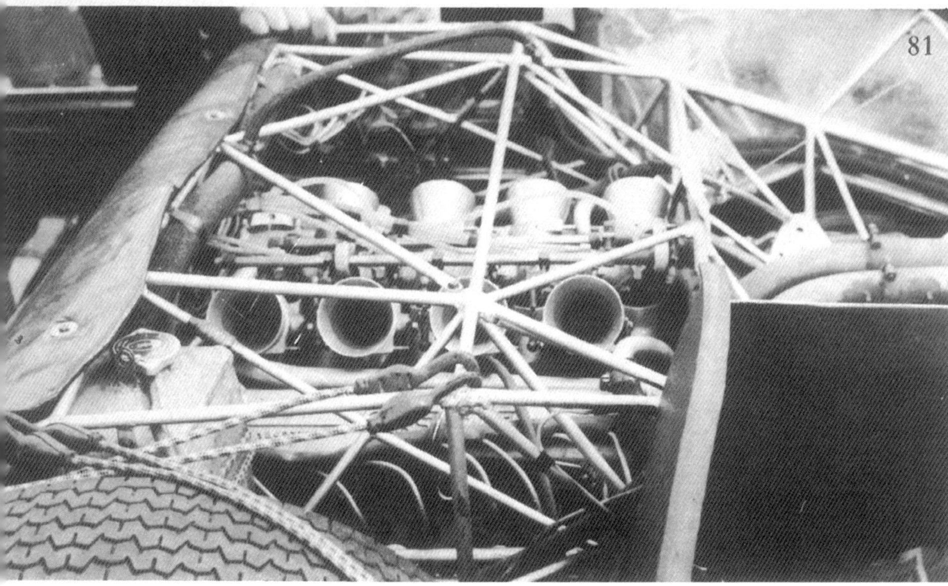

80) Auch wenn es für Spitzenleistungen nicht mehr reicht, können immer noch gut vorbereitete Großserienwagen schöne Erfolge erzielen, wie dieser Triumph Spitfire im Jahre 1965 (Archiv).
81) Jedes Rohr hat beim Rahmen dieses 5 Liter-Maserati von 1965 seinen Zweck, der bald den Spitznamen »Bird-cage« (Vogelkäfig) erhielt.

nenen Erkenntnisse auf den Bau gebrauchsfähiger Automobile übertragbar.

Langsam entwickelte sich das für Firmen und Zuschauer so aufschlußreiche 24-Stunden-Rennen zu einem Schauspiel, dessen Ruf mehr auf der Tradition als auf dem tatsächlichen Interesse beruht. Damit ist seine Zukunft aber nicht gesichert. Für den »Automobile Club de l'Ouest« ist es höchste Zeit, daraus die Konsequenzen zu ziehen.

Sicher kann das Reglement heute nicht mehr so leicht wie früher abgeändert werden, denn die C.S.I. hat selbst die Wagen in verschiedenen Kategorien unterteilt, und ihren Bestimmungen müssen sich die Organisatoren grundsätzlich unterwerfen. Andererseits hatte der A.C.O. immer schon großen Einfluß auf die Entscheidungen der C.S.I. Auch könnte die Aufgabe der Rennorganisationen durch die von der C.S.I. festgelegten Kategorien erleichtert werden. Der Anhang J der gegenwärtigen Sportbestimmungen teilt die Wagen in Prototypen und Sportwagen, sowie in GT- und Tourenwagen ein. Für letztere werden bestimmte Jahresproduktionszahlen gefordert, die eine gewisse Garantie dafür bilden, daß ein Typ in gewissen Serien gebaut wird. Wir glauben, daß das 24-Stunden-Rennen auch heute noch den GT-Wagen vorbehalten sein sollte, deren Jahresproduktion mindestens 500 Stück beträgt und die nur bestimmte Änderungen erfahren dürften. Die spektakuläre Seite, die sich aus dem Kampfe der Wagen bei 300 km/h ergibt, würde nur wenig darunter leiden. Wagen wie Jaguar E, Chevrolet Corvette oder Ferrari-Berlinetta 275 GT-B (von denen einer 1965 Dritter in der Gesamtwertung wurde) würden ein hochinteressantes Rennen ergeben mit Geschwindigkeiten, wie sie bis vor wenigen Jahren von den schnellsten Prototypen erreicht wurden, auch wenn es den spektakulären Höhepunkt der 7 Liter-Ford und der Ferrari P 4 von 1967 nicht ganz erreichen würde. Die Mehrzahl der Zuschauer hätte bestimmt für den Kampf dieser der Produktion der Firmen viel näher liegenden Fahrzeuge größeres Interesse als für das jetzige Rennen , das nur wenige Rückschlüsse auf die Serienautos gestattet.

Es gibt aber auch keinen Grund, das Rennen nicht zusätzlich für Tourenwagen auszuschreiben, die ebenfalls fürs Rennen in bestimmten Grenzen präpariert werden könnten. Für sie könnte eine eigene Wertung eingerichtet werden, wie es in den letzten Jahren für Sport- und GT-Wagen schon der Fall war. Tourenwagen würden aber nur soweit zum Start zugelassen werden, als sie im Training in der Ausschreibung festgelegte, ihrem Hubraum entsprechende Mindestgeschwindigkeiten erreicht haben, damit sie im Rennen die schnelleren GT-Fahrer nicht behindern und der Ruf des Rennens gewahrt wird.

Zu langes Festhalten an Traditionen bringt mit der Zeit Veralterungserscheinungen. Ein andauernder Erfolg ergibt sich nur aus der Anpassung an die sich schnell ändernde Welt, in der wir leben.

24-Stunden-Rennen 1967

Gesamtklassement

1. Ford (Gurney-Foyt) 218,038 km/h
2. Ferrari (Scarfiotti-Parkes)
3. Ferrari (Mairesse-Beurlys)
4. Ford (McLaren-Donohue)

Leistungs-Index

Porsche (Siffert-Herrmann)

Verbrauchs-Index

Ford (Gurney-Foyt)

Schnellste Runde

Andretti und Hulme (Ford) 238,014 km/h

DIE 24 STUNDEN VON LE MANS IN DER STATISTIK

	Gesamtklassement				Leistungs-Index	Verbrauchs-Index	Coupe Biennale	Schnellste Runde
	1.	2.	3.	4.				
1923	Chenard et Walcker (Lagache-Léonard) 92,064 km/h	Chenard et Walcker (Bachmann-Dauvergne)	Bignan (de Tornaco-Gros)	Bignan (de Marne-Martin)				Clement (Bentley) 107,328 km/h
1924	Bentley (Duff-Clement) 86,555 km/h	La Lorraine (Stoffel-Brisson)	La Lorraine (de Courcelles-Rossignol)	Chenard et Walcker (Pisard-Chavée)				Lagache (Chenard et Walcker) 111,168 km/h
1925	La Lorraine (de Courcelles-Rossignol) 93,082 km/h	Sunbeam (Chassagne-Davis)	La Lorraine (Stalter-Brisson)	O.M. (Danieli-Danieli) et O.M. (Foresti-Vassiaux)			Chenard et Walcker (Glaszmann-de Zuniga) (auch Coupe triennale)	Lagache (Chenard et Walcker) 112,987 km/h
1926	La Lorraine (Bloch-Rossignol) 106,350 km/h	La Lorraine (de Courcelles-Mongin	La Lorraine (Stalter-Brisson)	O.M. (Minoia-Foresti)	O.M. (Minoia-Foresti)		O.M. (Minoia-Foresti)	de Courcelles (La Lorraine) 114,444 km/h

	Gesamtklassement				Leistungs-Index	Verbrauchs-Index	Coupe Biennale	Schnellste Runde
	1.	2.	3.	4.				
1927	Bentley (Benjafield-Moir) 98,740 km/h	Salmson (de Victor-Hasley)	Salmson (Casse-Rousseau)	S.C.A.P. (Desvaux-Vallon)	Salmson (Chasse-Rousseau)		Salmson (Casse-Rousseau)	Clement (Bentley) 118,142 km/h
1928	Bentley (Barnato-Rubin) 111,219 km/h	Stutz (Bloch-Brisson)	Chrysler (Stoffel-Rossignol)	Chrysler (Ghica-Ghica)	Salmson (Casse-Rousseau)		Salmson (Casse-Rousseau)	Birkin (Bentley) 127,604 km/h
1929	Bentley (Barnato-Birkin) 118,492 km/h	Bentley (Kidston-Dunfee)	Bentley (Benjafield-d'Erlanger)	Bentley (Clement-Chassagne)	Bentley (Barnato-Birkin)		Bentley (Barnato-Birkin)	Birkin (Bentley) 133,551 km/h
1930	Bentley (Barnato-Kidston) 122,111 km/h	Bentley (Clement-Watney)	Talbot (Lewis-Eaton)	Talbot (Hindmarsh-Rose Richards)	Talbot (Lewis-Eaton)		Bentley (Barnato-Kidston)	Birkin (Bentley) 144,352 km/h

	Gesamtklassement				Leistungs-Index	Verbrauchs-Index	Coupe Biennale	Schnellste Runde
	1.	2.	3.	4.				
1931	Alfa-Romeo (Howe-Birkin) 125,735 km/h	Mercedes-Benz (Ivanowski-Stoffel)	Talbot (Sounders-Davies Rose Richards)	La Lorraine (Trébor-Balard)	Alfa-Romeo (Howe-Birkin)		Alfa-Romeo (Howe-Birkin)	Ivanowski (Mercedes) 129,234 km/h
1932	Alfa-Romeo (Sommer-Chinetti) 123,084 km/h	Alfa-Romeo (Cortese-Guidotti)	Talbot (Lewis-Rose Richards)	Alfa-Romeo (Mme Sikc-Sabipa)	Alfa-Romeo (Sommer-Chinetti)		Aston-Martin (Bertelli-Driscoll)	Minoia (Alfa-Romeo) 142,437 km/h
1933	Alfa-Romeo (Nuvolari-Sommer) 131,001 km/h	Alfa-Romeo (Chinetti-Varent)	Alfa-Romeo (Lewis-Rose Richards)	Riley (von der Becke-Peacock)	Riley (von der Becke-Peacock)		Alfa-Romeo (Nuvolari-Sommer)	Sommer (Alfa-Romeo) 146,386 km/h
1934	Alfa-Romeo (Chinetti-Etancelin) 120,289 km/h	Riley (Sébilleau-Delaroche)	Riley (Dixon-Paul)	M.G. (Martin-Eccles)	Riley (von der Becke-Peacock)		Riley (von der Becke-Peacock)	Etancelin (Alfa-Romeo) 142,437 km/h

	Gesamtklassement				Leistungs-Index	Verbrauchs-Index	Coupe Biennale	Schnellste Runde
	1.	2.	3.	4.				
1935	Lagonda (Hind-marsh-Fontès) 125,283 km/h	Alfa-Romeo (Dreyfus-Stoffel)	Aston-Martin (Martin-Bracken-bury)	Riley (von der Becke-Richardson)	Aston-Martin (Martin-Bracken-bury)		Aston-Martin (Martin-Bracken-bury)	Howe (Alfa-Romeo) 139,612 km/h
1937	Bugatti (Wimille-Benoist) 136,997 km/h	Delahaye (Paul-Mongin)	Delahaye (Dreyfus-Stoffel)	Delage (de Valence-Gérard)	Bugatti (Wimille-Benoist)		Aston-Martin (Morris-Goodall-Hitchens)	Wimille (Bugatti) 155,179 km/h
1938	Delahaye (Chaboud-Trémoulet) 132,539 km/h	Delahaye (Serraud-Giraud-Cabantous)	Talbot (Prenant-Morel)	Delahaye (Villeneuve-Biolay)	Simca (Aimé-Plantivaux)		Adler (Orssich-Sauerwein)	Sommer (Alfa-Romeo) 154,783 km/h
1939	Bugatti (Wimille Veyron) 139,781 km/h	Delage (Gérard-Monneret)	Lagonda (Dobson-Bracken-bury)	Lagonda (Selsdon-Waleran)	Simca (Gordini-Scaron)		Simca (Gordini-Scaron)	Mazaud (Delahaye) 155,627 km/h

	Gesamtklassement				Leistungs-Index	Verbrauchs-Index	Coupe Biennale	Schnellste Runde
	1.	2.	3.	4.				
1949	Ferrari (Chinetti-Selsdon) 132,420 km/h	Delage (Louveau-Jover)	Frazer-Nash (Culpan-Aldington)	Delage (Gérard-Godia Fales)	Ferrari (Chinetti-Selsdon)		Ferrari (Chinetti-Selsdon)	Simon (Delahaye) 155,427 km/h
1950	Talbot (Rosier-Rosier) 144,380 km/h	Talbot (Meyrat-Mairesse)	Allard (Allard-Cole)	Healey (Rolt-Hamilton)	Aston-Martin (Abecassis-Macklin)		Monopole (de Montrémy-Hémard)	Rosier (Talbot) 165,490 km/h
1951	Jaguar (Walker-Whitehead) 150,446 km/h	Talbot (Meyrat-Mairesse)	Aston-Martin (Macklin-Thompson)	Talbot (Levegh-Marchand)	Monopole (de Montrémy-Hémard)		Monopole (de Montrémy-Hémard)	Moss (Jaguar) 169,356 km/h
1952	Mercedes-Benz (Lang-Riess) 155,575 km/h	Mercedes-Benz (Helfrich-Niedermayer)	Nash-Healey (Johnson-Wisdom)	Cunningham (Cunningham-Spear)	Panhard (Hémard-Masson)		Panhard (Hémard-Masson)	Ascari (Ferrari) 173,159 km/h

	Gesamtklassement				Leistungs-Index	Verbrauchs-Index	Coupe Biennale	Schnellste Runde
	1.	2.	3.	4.				
1953	Jaguar (Rolt-Hamilton) 170,336 km/h	Jaguar (Moss-Walker)	Cunningham (Fitch-Walters)	Jaguar (Whitehead-Stewart)	Panhard (Chancel-Chancel)		Panhard (Chancel-Chancel)	Ascari (Ferrari) 181,642 km/h
1954	Ferrari (Gonzales-Trintignant) 169,215 km/h	Jaguar (Rolt-Hamilton)	Cunningham (Spear-Johnston)	Jaguar (Laurent-Swaters)	D.B. (Bonnet-Bayol)		Panhard (Bonnet-Bayol)	Marzotto (Ferrari) 189,139 km/h
1955	Jaguar (Hawthorn-Bueb) 172,308 km/h	Aston-Martin (Collins-Frère)	Jaguar (Swaters-Claes)	Porsche (Polensky-von Frankenberg)	Porsche (Polensky-von Frankenberg)		Porsche (Polensky-von Frankenberg)	Hawthorn (Jaguar) 196,963 km/h
1956	Jaguar (Flockhart-Sanderson) 168,122 km/h	Aston-Martin (Moss-Collins)	Ferrari (Gendebien-Trintignant)	Jaguar (Swaters-Rouselle)	D.B. (Laureau-Armagnac)		D.B. (Laureau-Armagnac)	Hawthorn (Jaguar) 186,383 km/h

	Gesamtklassement				Leistungs-Index	Verbrauchs-Index	Coupe Biennale	Schnellste Runde
	1.	2.	3.	4.				
1957	Jaguar (Flockhart-Bueb) 183,217 km/h	Jaguar (Sanderson-Lawrence)	Jaguar (»Mary«-Lucas)	Jaguar (Rousselle-Frère)	Lotus (Allison-Hall)			Hawthorn (Ferrari) 203,015 km/h
1958	Ferrari (P. Hill-Gendebien) 170,914 km/h	Aston-Martin (Whitehead-Whitehead)	Porsche (Behra-Herrmann)	Porsche (Barth-Frère)	Osca (De Tomaso-Davis)			Hawthorn (Ferrari) 195,402 km/h
1959	Aston-Martin (Salvadori-Shelby) 181,163 km/h	Aston-Martin (Trinti-gnant-Frère)	Ferrari (Beurlys-»Eldé«)	Ferrari (Pilette-Arents)	D.B. (Cornet-Cotton)	D.B. (Consten-Armagnac)	D.B. (Cornet-Cotton)	Behra (Ferrari) 201,161 km/h
1960	Ferrari (Frère-Gendebien) 175,730 km/h	Ferrari (Rodriguez-Pilette)	Aston-Martin (Clark-Salvadori)	Ferrari (Tavano-Dumay)	D.B. (Laureau-Armagnac)	Lotus (Wagstaff-Marsh)	D.B. (Laureau-Armagnac)	Gregory (Maserati) 198,605 km/h

	Gesamtklassement				Leistungs-Index	Verbrauchs-Index	Coupe Biennale	Schnellste Runde
	1.	2.	3.	4.				
1961	Ferrari (Gendebien-P. Hill) 186,527 km/h	Ferrari (Mairesse-Parkes)	Ferrari (Noblet-Guichet)	Maserati (Pabst-Thompson)	D.B. (Laureau-Bouharde)	Sunbeam (Harper-Procter)		R.Rodriguez (Ferrari) 201,999 km/h
1962	Ferrari (P. Hill-Gendebien) 185,469 km/h	Ferrari (Noblet-Guichet)	Ferrari (»Eldé«-Beurlys)	Jaguar (Cunning-ham-Salvadori)	Panhard (Guil-haudin-Bertaut)	Lotus (Hoobs-Gardner)		Phil Hill (Ferrari) 204,202 km/h
1963	Ferrari (Scarfiotti-Bandini) 190,071 km/h	Ferrari (Beurlys-Langlois)	Ferrari (Parkes-Maglioli)	Ferrari (»Eldé«-Dumay)	Ferrari (Scarfiotti-Bandini)	Bonnet (Beltoise-Bobrowski)		Surtees (Ferrari) 207,714 km/h
1964	Ferrari (Guichet-Vaccarella) 195,638 km/h	Ferrari (Bonnier-G. Hill)	Ferrari (Bandini-Surtees)	Cobra (Bondurant-Gurney)	Ferrari (Guichet-Vaccarella)	Alpine (Delage-neste-Morrogh)		Phil Hill (Ford) 211,429 km/h

	Gesamtklassement				Leistungs-Index	Verbrauchs-Index	Coupe Biennale	Schnellste Runde
	1.	2.	3.	4.				
1965	Ferrari (Gregory-Rindt) 194,880 km/h	Ferrari (Dumay-Gosselin)	Ferrari (Mairesse-Beurlys)	Porsche (Linge-Nöcker)	Porsche (Linge-Nöcker)	Porsche (Koch-Fischhaber)		Phil Hill (Ford) 222,803 km/h
1966	Ford (Amon-McLaren) 201,196 km/h	Ford (Miles-Hulme)	Ford (Bucknum-Hutcheson)	Porsche (Davis-Siffert)	Porsche (Davis-Siffert)	Alpine-Renault (Cheinisse-Delageneste)		Gurney (Ford) 230,103 km/h
1967	Ford (Gurney-Foyt) 218,038 km/h	Ferrari (Scarfiotti-Parkes)	Ferrari (Mairesse-Beurlys)	Ford (McLaren-Donohue)	Porsche (Siffert-Herrmann)	Ford (Gurney-Foyt)		Andretti u. Hulme (Ford) 238,014 km/h

ANHANG

Auszüge aus dem Reglement, das 1966 die Grundlage des Wettbewerbs darstellte.

REGLEMENT

Definition

Das 24-Stunden-Rennen von Le Mans ist Konstrukteuren und Privaten zugänglich, die folgende Fahrzeuge präsentieren:

– *»Sport-Prototypen«*, die den Bestimmungen der Gruppe VI des Anhangs »J« (1966) des Code Sportif International entsprechen, sowie den Klassen 6 bis inklusive 13 (mit einem Hubvolumen von mehr als 1000 ccm).
Diese Wagen starten um: die *Trophées Internationaux des voitures de Sport-Prototypes*, den *Callenge Mondial de Vitesse et d'Endurance*, die *Gesamtwertung (XXXIV. Grand Prix)*, die *Wertung nach dem Verbrauchsindex*, die *Wertung nach dem Leistungsindex* und um die *Gesamtwertung in den einzelnen Hubraumkategorien;*

– *»Sportwagen«*, von denen jährlich mindestens 50 Exemplare gebaut werden müssen und die den Bedingungen der Gruppe IV des Annex »J« (1966) des Code Sportif International und den Klassen 6 bis inklusive 13 (mit einem Hubvolumen von mehr als 1000 ccm) entsprechen.
Diese Wagen starten um das *Championnat du Monde des Constructeurs (Divisions II et III)*, den *Challenge Mondial de Vitesse et d'Endurance*, die *Gesamtwertung (XXXIV. Grand Prix)*, die *Wertung nach dem Verbrauchsindex*, die *Wertung nach dem Leistungsindex* und um die *Gesamtwertung in den einzelnen Hubraumkategorien.*

– *»Grand-Tourisme-Wagen«*, von denen jährlich mindestens 500 Exemplare gebaut werden müssen und die den Bedingungen der Gruppe III des Anhangs »J« (1966) des Code Sportif International und den Klassen 6 bis inklusive 13 (mit einem Hubraum von mehr als 1000 ccm) entsprechen.
Diese Wagen starten um den *Coupe de l'Automobil-Club de l'Ouest de voitures de Grand Tourisme*, den *Challenge Mondial de Vitesse et d'Endurance*, die *Gesamtwertung (XXXIV. Grand Prix)*, die *Wertung nach dem Verbrauchsindex*, die *Wertung nach dem Leistungsindex* und um die *Gesamtwertung in den einzelnen Hubraumkategorien.*

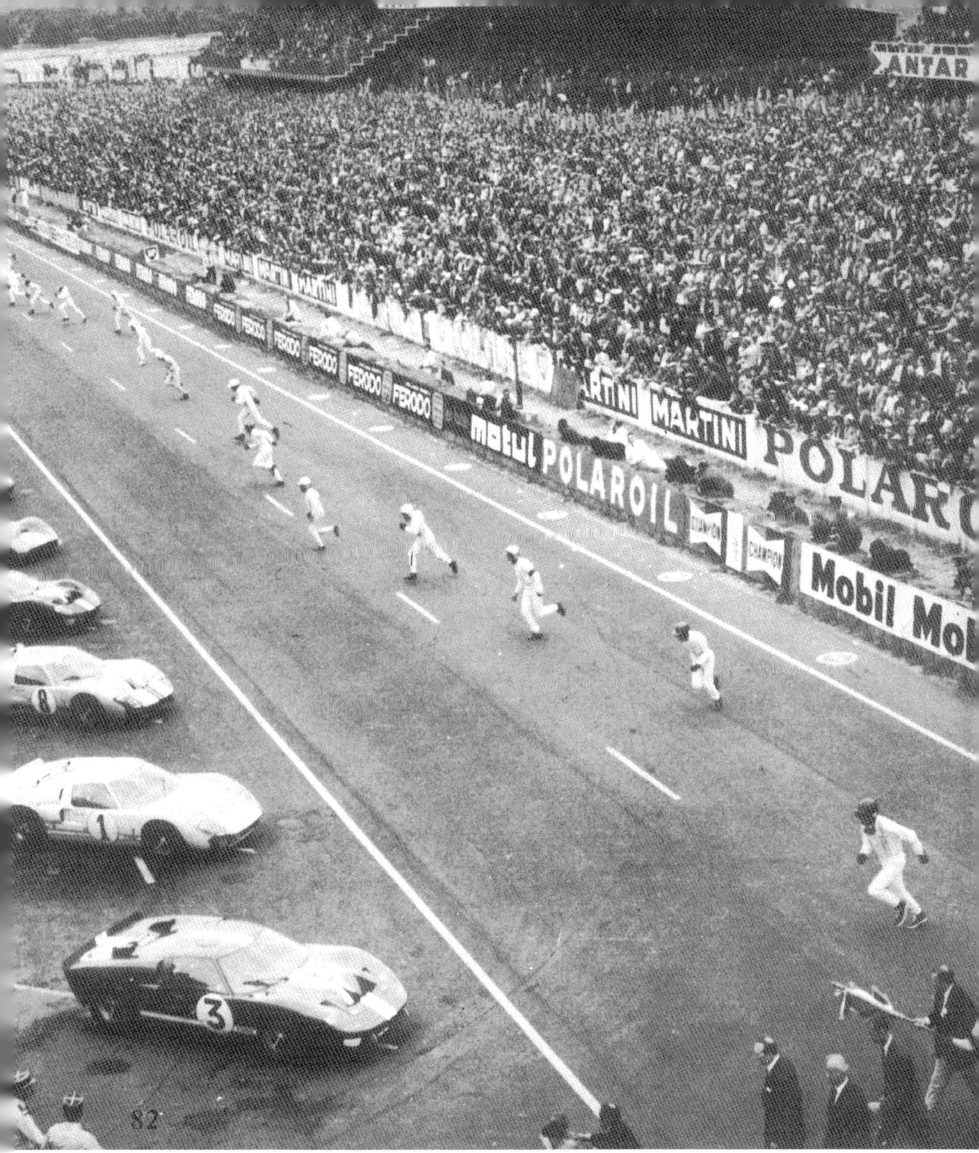

82) Henry Ford hat eben unter Hilfe von Jacques Loste das Rennen von 1966 gestartet. In der Reihenfolge der Trainingszeiten stehen die 7 Liter-Ford ganz vorn. Die Fahrer Gurney, Ken Miles, Mario Andretti und Bruce McLaren (der spätere Sieger) sprinten zu ihren Wagen. Dahinter erkennt man als weitere Fahrer Rodriguez (Ferrari), Graham Hill (Ford) und die weiteren Ferrari-Fahrer Parkes und Bandini (Pruvost).

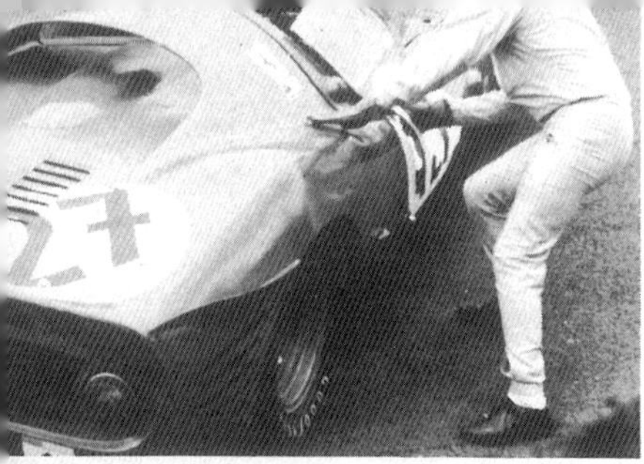

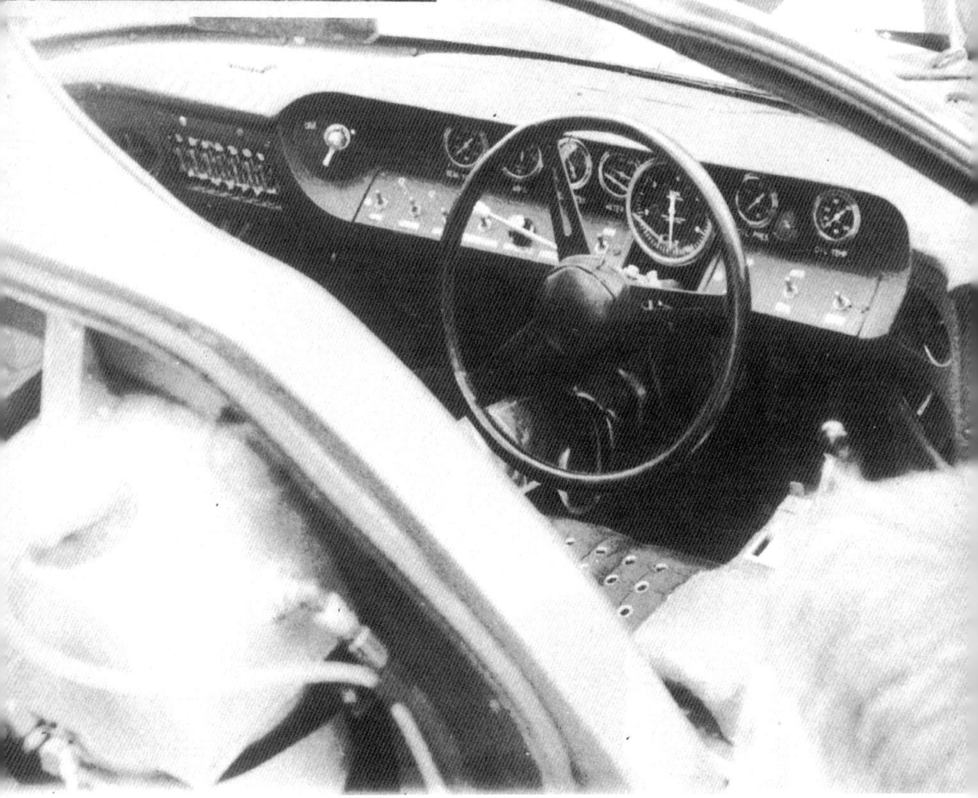

83) Pedro Rodriguez hat den Start mit seinem 4 Liter-Ferrari P 3 oft geübt (Archiv).
84) Das Cockpit des 7 Liter-Ford. Von links nach rechts hat der Fahrer folgende Instrumente vor sich: Ölthermometer fürs Getriebe, Amperemeter, Benzinuhr, Wasserthermometer, Drehzahlmesser, Öldruckmesser, Ölthermometer. Bei den meisten Rennwagen mit zwei Sitzen ist die Lenkung rechts, weil meist im Uhrzeigersinn gefahren wird, so daß Rechtskurven häufiger sind (Archiv).

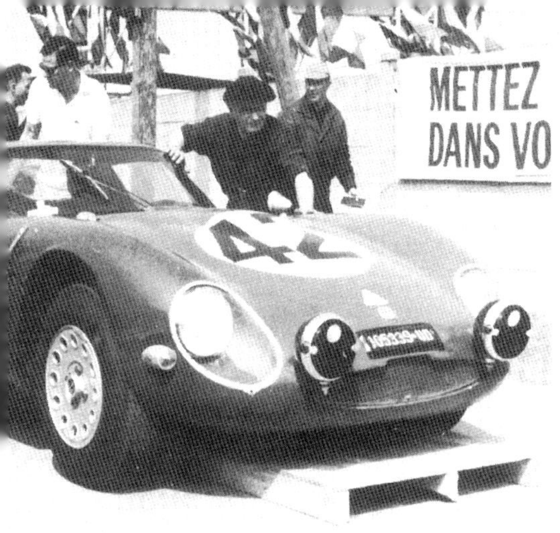

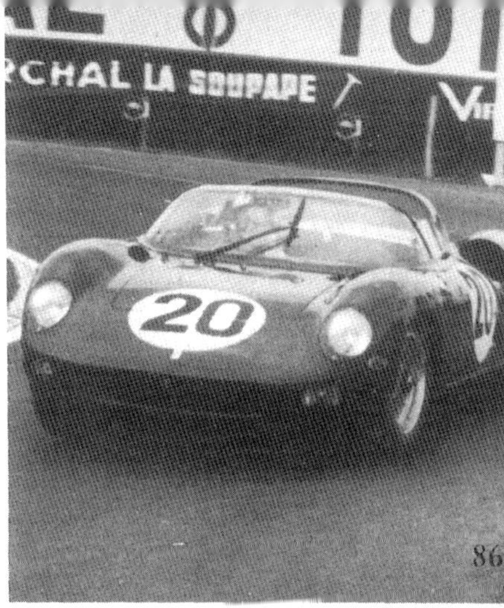

86

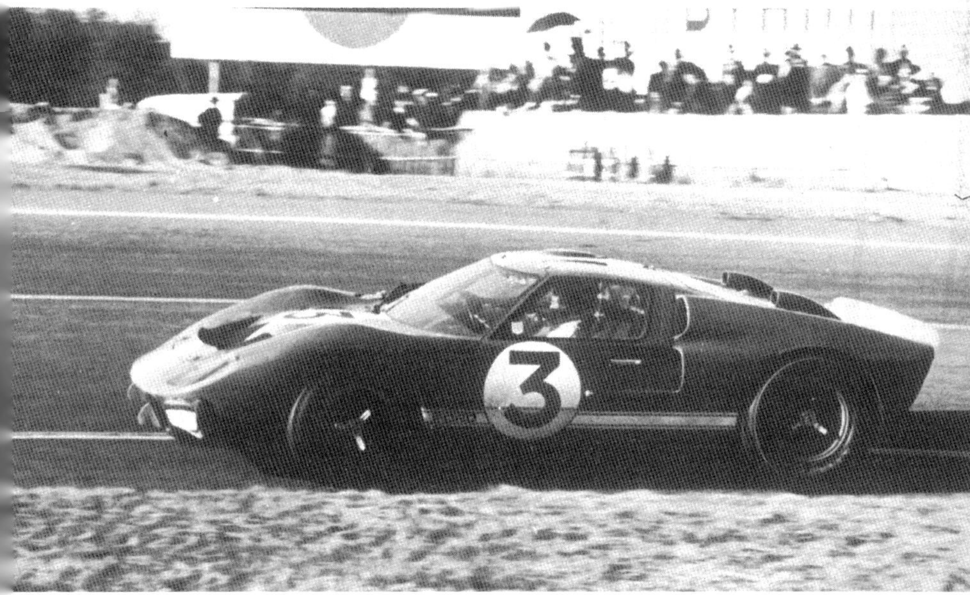

85) Mit dem Reglement scherzt man nicht! Mit einem Brettergestell wird die Bodenfreiheit kontrolliert. Es ist 12 cm hoch und 80 cm breit (Beroul).

86) 1964 zeigten sich die von 3 auf 3,3 Liter Hubraum vergrößerten Ferrari-Motoren wiederum von ihrer besten Seite. Jean Guichet (Inhaber einer Reederei in Marseille) bildete mit Nino Vaccarella (Lehrer aus Sizilien) das Siegespaar (Beroul).

87) Dan Gurney erreichte 1966 mit dem 7 Liter-Ford einen Rundendurchschnitt von mehr als 230 km/h. Das Foto zeigt ihn in der Indianapolis-Kurve. Die Ford-Karosserie wurde, im Vergleich zu früheren Ausführungen, für eine bessere Stabilität bei hohen Geschwindigkeiten abgeändert. Am Wagenbug erkennt man zwei Haken für einen speziellen Wagenheber (Actualités).

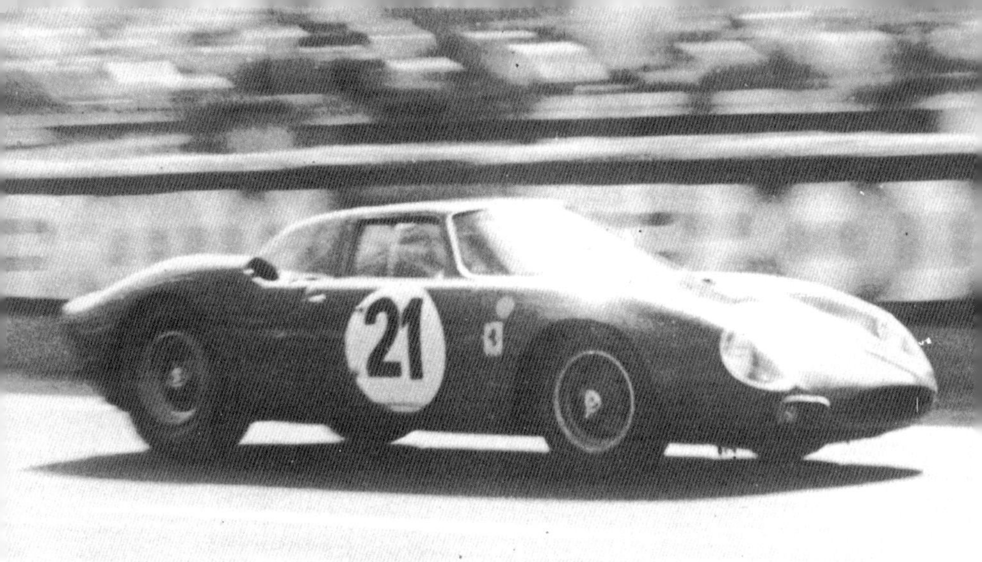

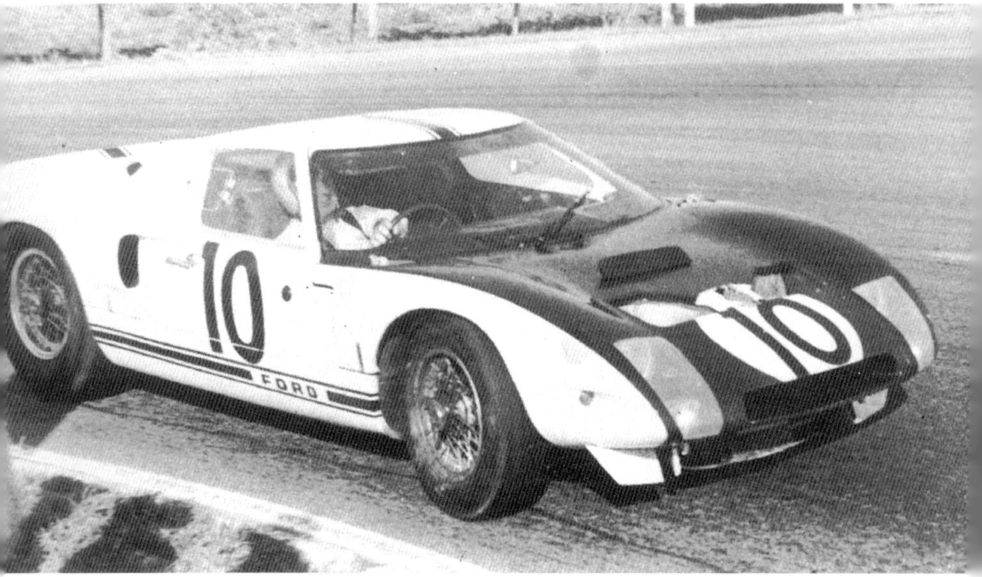

88) Nach dem Ausscheiden der Ford- und Ferrari-Werkswagen gewann 1965 eine Ferrari 275 GT-Berlinetta des »North American Racing Team« mit den Fahrern Masten Gregory und Jochen Rindt (Archiv).
89) Beim ersten Le Mans-Start waren die Ford 1964 für einen Sieg noch zu »jung«. Luftleitbleche am Bug sollen die Auftriebskräfte bei hohen Geschwindigkeiten vermindern. Hier fährt Bruce McLaren (Archiv).

QUALIFIKATIONEN

Art. 2 – § 1: Zugelassen sind alle Fahrzeuge, die von einer Brennkraftmaschine angetrieben sind und den besonderen Bestimmungen des Art. 1 § 1 und denen des im Anhang »J« des Code Sportif International angeführten entsprechen.

§ 2: Ebenfalls zugelassen sind Motoren mit jeder Art von Gemischaufbereitung, soweit es sich um Sport-Prototypen der Gruppe VI, Sportwagen der Gruppe IV und Grand-Tourisme-Wagen der Gruppe III (Sport und GT) handelt.

FAHRZEUGE MIT EINEM ROTATIONSKOLBENMOTOR UND EINEM TURBINENMOTOR

Art. 3: – Fahrzeuge mit Rotationskolbenmotor sind ebenfalls zugelassen.
Das Hubvolumen eines Rotationskolbenmotors mit dreieckigem Kolben wird gleichgesetzt dem doppelten Differenzbetrag zwischen maximalem und minimalem Kammervolumen (die Berechnung dieses Kammervolumens erfolgt nach einer speziellen Formel).

Art. 4. – Entsprechend dem Reglement des C. S. I. werden

turbinengetriebene Fahrzeuge ebenfalls zugelassen (für den Vergleich ihres Hubvolumens mit dem von Kolbenmaschinen wurde ebenfalls eine spezielle Formel errechnet).

Die Turbomotoren dürfen sowohl den vom allgemeinen Reglement (Art. 6) vorgesehenen Treibstoff als auch Kerosin (J. P. 1 A) verwenden.

2. Die Teilnehmerwagen müssen mit einer *bona fide* Karosserie ausgerüstet sein. Diese muß während der gesamten Dauer des Rennens in absolut funktionsfähigem Zustand sein, von dem sich die Sportkommissare jederzeit ohne Ankündigung überzeugen können müssen: Motorhaube und Kofferraumdeckel, Türen, Kotflügel, Windschutzscheibe, Scheibenwischer, Rückspiegel, automatischer Starter, Auspuffgeräuschdämpfer, Beleuchtungsanlage und vorgeschriebene Hupe.
Die Wagenbereifung sowie die Reserveräder müssen beim Start neuwertig sein.

3. *Jeder Teilnehmer erklärt sich bereit, der Montage eines Senders in seinem Auto, auf den ein elektrischer Rundenzähler anspricht, zuzustimmen.*
Es wird ausdrücklich festgestellt, daß dieses Gerät unabhängig von der sonstigen elektrischen Ausrüstung des Fahrzeuges funktioniert.

4. Die Fahrzeuge müssen dem Geist und dem Buchstaben nach dem gegenwärtigen Reglement und den Bestimmungen

des Anhangs »J« (1966) des Code Sportif International entsprechen.

§ 3: Im Falle der Nichtachtung des Guten Glaubens (bona fide), der Sicherheitsvorschriften und der Vorschriften über die Beschaffenheit der Karosserie, sind allein die Sportkommissäre befugt, Entscheidungen zu treffen. Diese muß jedoch spätestens 24 Stunden vor dem Start des Rennens erfolgen.

KRAFTSTOFF

Normal erhältlicher Kraftstoff mit einer ausgewiesenen Oktanzahl von 95–100 Oktan und einer Toleranz von plus minus ein Oktan, sowie einem maximalen Zusatz von 0,6 p. 1000 Bleitetraaethyl. Die Destillation entspricht den französischen Normen.
Der Kraftstoff für Diesel- oder Düsenmotoren wird durch ein eventuelles Zusatzreglement präzisiert.

REPARATUREN

Art. 8 § 1: Alle eventuell nötigen Reparaturen müssen *ausschließlich* mit Ersatzteilen, welche an Bord mitgeführt wurden oder in der Box lagernd sind, durchgeführt werden. Es ist den Fahrern bei *Androhung des Ausschlusses* untersagt, zu versuchen, ihre Box zu Fuß oder mit Hilfe eines anderen Mittels zu erreichen, oder sich abschleppen zu lassen.
Es ist dem Fahrer verboten, das Fahrzeug auf der Rennstrecke zu verlassen; dies hat gegebenenfalls den *Ausschluß* zur Folge.

§ 2: Das Ersetzen schadhafter Teile durch das Auswechseln kompletter mechanischer oder elektrischer Baugruppen, wie Motor, (selbe Type), Getriebe, Hinterradaufhängung, Starter, Lichtmaschine und Batterie ist verboten.
Die Anzahl und Kapazität der Batterie, sowie deren Installation, muß den Homologierungsblättern für Fahrzeuge der Gruppen III und IV entsprechen. Die Anzahl und die Kapazität der Batterien sind bei Sport-Prototypen (Gruppe VI) unter der Bedingung, daß sie außerhalb der Fahrerkabine montiert sind, frei.
Im übrigen ist das *Aufladen der im Wagen montierten Batterien* durch irgendwelche äußere Mittel *verboten.*
Jede Reparatur muß bei stehendem Wagen durchgeführt werden.

§ 3: Die Ersatzzylinderköpfe und die Ersatzkolben müssen vorher, anläßlich der Überprüfung, punziert werden.

TANKEN

Art. 9 § 1: Das Auftanken von Kraftstoff ist freigestellt, hat jedoch an den dafür vorgesehenen Tankboxen zu erfolgen. Ebenso hat das Nachfüllen von Öl im Motor, im Getriebe, in der Hinterachse und von Kühlflüssigkeit nur an den Tankboxen zu erfolgen. Als *Mindestdistanz* zwischen den einzelnen Nachfüllungen sind *25 Runden* (336,525 km) vorgesehen. Es müssen jedoch nicht sämtliche Öle, Motor-, Getriebe- und Hinterachsöl gleichzeitig nachgefüllt werden. Die Nichtbeachtung dieser Vorschriften hat den *Ausschluß vom Rennen* zur Folge, gleichgültig, ob es sich um Zwei- oder Viertaktmotoren, Rotationskolbenmotoren oder Turbinenmotoren handelt.

§ 2: Kühlflüssigkeit, Kraftstoff und Öl befinden sich an Bord nur in den dafür vorgesehenen und plombierten Behältern. Andere Reserven dürfen nicht mitgeführt werden.

Art. 21 § 1: Um klassifiziert zu werden, ist jedes Fahrzeug verpflichtet, 24 Stunden im Rennen zu sein, die letzte Runde in maximal 15 Minuten, beginnend mit dem Zeitpunkt der letzten, vor Ende der 24. Stunde vollendeten Runde zu fahren, und während dieser 24 Stunden eine festgelegte Minimaldistanz zurückzulegen.

§ 2: Diese Minimaldistanz D_1 in Kilometern ausgedrückt, wird wie folgt ermittelt:
Indem man als Basis ein in Kubikzentimetern ausgedrücktes Hubvolumen C (Art. 5 § 1) annimmt, errechnet man den Wert

$$D_1 = 4200 \frac{C - 150}{C + 150}$$

§ 3: Im Falle der Motor mit einem Kompressor ausgerüstet ist, stellt C das festgelegte Hubvolumen – den geometrisch ermittelten Zylinderinhalt – dar. Falls der Motor jedoch nicht mit einem Kompressor ausgerüstet ist, ist dieser geometrisch ermittelte Zylinderinhalt mit 1,4 zu multiplizieren.

§ 4: Nach den angeführten Bestimmungen wird also von einem Fahrzeug mit 1500 ccm Hubvolumen eine Minimaldistanz

$D_1 = 4200 \frac{1500 - 150}{1500 + 150} = 3436$ km und somit eine Durchschnittsgeschwindigkeit von 143,166 km/h gefordert.

WERTUNGEN UND QUALIFIKATIONEN

A. – Gesamtwertung

Art. 23 § 1: Diese Wertung umfaßt sämtliche Fahrzeuge, die gestartet sind, die laut Art. 21 § 2 die geforderte Minimaldistanz zurückgelegt haben und während der gesamten Dauer von 24 Stunden im Rennen waren. Sie sind verpflichtet, die letzte Runde, in die das Ende der 24. Stunde fällt, nach den Bedingungen des § 4 zu beenden.

§ 2: Diese Verpflichtung wird den Konkurrenten auferlegt, um die Anzahl der während der 24 Stunden zurückgelegten Kilometer feststellen zu können.

§ 3: Die zurückgelegte Distanz wird ermittelt, indem man folgende Werte addiert:
1. Die Distanz der bis zum Renn-Ende gefahrenen Runden, mit der Möglichkeit, eine der Startposition des Wagens entsprechende Korrektur durchführen zu können.
2. Die Strecke jenes Teilstückes der letzten Runde, das bei Rennschluß erreicht wurde. Diese Distanz wird nach der, während der letzten vom Konkurrenten obligatorisch zu beendenden Runde, errechneten Durchschnittsgeschwindigkeit ermittelt.

§ 4: Die maximale für die letzte Runde erlaubte Zeit beträgt *15 Minuten (15 min.)* und wird ab Schluß der letzten, vor der Vollendung der 24. Stunde beendeten Runde gezählt.

§ 5: Sämtliche Fahrzeuge, die länger als 15 Minuten benötigen, werden eliminiert.

§ 6: *Näheres über die Berechnung der Distanz:*
Das Teilstück der letzten Runde wird nach den Angaben der Zeitrechnung bis zur vierten Dezimalstelle ausgerechnet. Das Produkt wird auf Meter aufgerundet.
Die Summe aus der Addition dieses Wertes zu der in Metern ausgedrückten Gesamtrundenzahl wird, nachdem die Start-

korrektur durchgeführt wurde, auf 10 m-Einheiten aufgerundet.

§ 7: *»Ex aequo«-Klassifizierung in der Gesamtwertung.*
Konkurrenten, welche dieselbe nach den oben angeführten Berechnungen ermittelte Anzahl von 10 m-Einheiten haben, werden »ex aequo« gewertet.

B. Wertung nach dem Leistungsindex

Art. 24 § 1: Die Wertung umfaßt sämtliche gestarteten Fahrzeuge. Um gewertet zu werden, müssen die Konkurrenten während der Zeit von 24 Stunden eine Distanz D, die größer oder zumindest gleich groß wie die aufgestellte Minimaldistanz D_1 ist, zurückgelegt haben und weiters der in Art. 23 § 1 2. Absatz aufgestellten Forderung entsprechen.

§ 2: *Leistungsindex*
Wenn D_1 die Minimaldistanz bedeutet, die ein Wagen zufolge seines Hubvolumens (Art. 21 § 2) zurückzulegen hat und D die für die Wertung zählende Strecke, d. h., die während der 24 Stunden zurückgelegte Gesamtdistanz wie sie in Art. 23 § 1 und 3 mit der Ausnahme laut Art. 25 § 1 ist, sind zur Wertung nach dem Leistungsindex nur jene Fahrzeuge zugelassen, bei denen der Wert D gleich oder größer dem Wert D_1 ist. Der Wert des Quotienten D drückt den *Leistungsindex* des Fahrzeuges aus.

§ 3: *Nähere Angaben über die Berechnung des Index*
Der Index ist das Verhältnis der oben definierten Distanz D und der geforderten Distanz D1, ebenfalls auf 10 m-Einheiten aufgerundet. Sie wird auf 3 Dezimalstellen ausgerechnet, deren letzte, wenn sie gleich oder größer als 5 ist, aufgerundet wird.

§ 4: Es siegt das Fahrzeug mit dem größten Indexwert, während die anderen Fahrzeuge nach dem sinkenden Wert ihrer Indices gereiht werden.

B I Abzüge vom Streckenguthaben infolge zu geringer Durchschnittsgeschwindigkeit

Art. 25 § 1: Das Streckenguthaben wird nur gewertet, wenn die minimale Durchschnittsgeschwindigkeit übertroffen wird. Dieses Mittel wird aus einer Anzahl von Runden ermittelt, einschließlich der Zeit für die erste Runde, die länger als normal ist und der Zeit für die letzte Runde, die nach Schluß der 24. Stunde endet. Wenn das so errechnete Mittel geringer als das geforderte ist, wird die Gesamtdistanz, welche für die Indexwertung zählt, auf die Distanz D1 reduziert.

Beispiel

	Sollstrecke D_1 (in km)	Gesamtstrecke D (in km)
Wagen A	2900	3200
Wagen B	3128	3320
Wagen C	3200	3600
Wagen D	3360	3960
Wagen E	3410	4010

Für den zuletzt angeführten Wagen E wurden jedoch die 4010 − 3410 = 600 letzten km nicht in der geforderten minimalen Durchschnittsgeschwindigkeit von $\frac{3410}{24} = 142{,}083$ km/h zurückgelegt. Es wird daher bei diesem Fahrzeug nur die Strecke von 3410 km zur Wertung nach dem Leistungsindex herangezogen.

Für dieses Fahrzeug gilt daher, $D = D_1$ und $\frac{D}{D_1} = 1$.

Für diese fünf Fahrzeuge werden die Leistungsindices wie folgt ermittelt:

Wagen A . . . . Index $\frac{3200}{2900} = 1{,}103$

Wagen B . . . . Index $\frac{3320}{3128} = 1{,}061$

Wagen C . . . . Index $\frac{3600}{3200} = 1{,}125$

Wagen D . . . . Index $\frac{3960}{3360} = 1{,}178$

Wagen E . . . . Index $\frac{3410}{3410} = 1$

Es wird daher gewertet:

Erster	Wagen D
Zweiter	Wagen C
Dritter	Wagen A
Vierter	Wagen B
Fünfter	Wagen E

WERTUNG NACH DEM VERBRAUCHSINDEX

(Coupe du Progrès vers L'Economie)

Art. 26 § 1: Der Verbrauchsindex (Ir) wird errechnet aus:
1. der mittleren Durchschnittsgeschwindigkeit, basierend auf der innerhalb von 24 Stunden erzielten Gesamtdistanz;
2. dem effektiven Gewicht des vollgetankten Fahrzeuges.
3. dem tatsächlichen Verbrauch des jeweiligen Fahrzeuges für 100 km.

§ 2: Um gewertet zu werden, muß jedes Fahrzeug 24 Stunden lang im Rennen sein, die geforderte Minimaldistanz (Art. 21 § 2 des allgemeinen Reglements) zurücklegen und die letzte Runde unter Einhaltung der Bedingungen des Art. 23 §§ 1 und 4 des allgemeinen Reglements beenden. Der Verbrauchsindex wird wie folgt ermittelt:

$$Ir = \frac{Em}{Er}$$

Em ist die Ziffer, die sich durch folgende Formel ergibt:

$$Em = 2{,}5 + \frac{P \times V^3}{2 \times 10^5}$$

V ist die vom Fahrzeug während der 24 Stunden erzielte Durchschnittsgeschwindigkeit.

P ist das Fahrzeuggewicht in Tonnen, mit vollen Treibstofftanks, vollen Öl- und Wasserreservoirs, mit Reserverad, jedoch ohne weitere Ausrüstung an Bord.

Er ist der tatsächliche Verbrauch des Fahrzeuges für 100 km.

Diese Formel wird ohne Änderung auch angewendet auf:

a) Wagen mit Kompressormotor;

b) Wagen mit Turbinenmotor;

c) Wagen mit Kreiskolbenmotor.

Der Wert des Index wird auf zwei Dezimalstellen errechnet.

Der Treibstoffverbrauch wird auf Liter aufgerundet, die Geschwindigkeit in km/h auf zwei Dezimalstellen, das Gewicht auf die nächsten 10 kg.

AUSZUG AUS DEN TEILNEHMERVERPFLICHTUNGEN

Art. 35 § 1: Der automatische, vom Fahrersitz aus zu bedienende Starter ist obligatorisch vorgeschrieben und seine Bedienung bei sonstiger *Androhung des Ausschlusses vom Rennen* nur erlaubt:

1. für den Start des Bewerbers, der bei stehendem Motor erfolgt;
2. für andere Startmanöver während des Rennens mit Ausnahmen nach Art. 49 § 3.
3. Es ist unter *Androhung des Ausschlusses vom Rennen* formell untersagt, den Starter nach einem Boxenaufenthalt oder einem Stillstand am Kurs als Antriebsmittel zu verwenden.

AUSZUG AUS DEN VORSCHRIFTEN WÄHREND DES RENNENS

§ 3: Falls ein Fahrzeug, aus welchem Grund auch immer, sogar zur Entgegennahme einer mündlichen Anweisung, an den Boxen anhält, muß der Motor bei *sonstiger Androhung des Ausschlusses vom Rennen vorschriftsmäßig gestoppt werden.*

In Übereinstimmung mit dem Boxenkommissär kann der Motor ausnahmsweise von einem der Fahrer oder einem Mechaniker gestartet werden, um Kühlflüssigkeit nachzufüllen, oder eine Regulierung vornehmen zu können. Sobald diese Arbeiten beendet sind, muß er *vorschriftsmäßig neuerlich gestoppt werden,* besonders während des Nachfüllens von Treibstoff und Öl.
Das Fahrzeug darf die Box nur verlassen, nachdem der Fahrer den Motor von seinem Sitz aus in Gang gesetzt hat.
Jedes Zuwiderhandeln zieht den *Ausschluß des Fahrzeuges vom Rennen* nach sich.

BOXENAUFENTHALTE

Fahrerwechsel

Art. 50 § 1: Die beiden Fahrer eines Fahrzeuges wechseln sich, nachdem es an seiner Box stehen geblieben ist und der Motor gestoppt wurde, nach den in Art. 18 §§ 1, 2 und 3 genau bestimmten Bedingungen ab. Die beiden qualifizierten Fahrer dürfen gleichzeitig, jedoch nur vor ihrer Box auf der Fahrbahn sein, und nur sie dürfen am Fahrzeug arbeiten.

§ 2: Laut Art. 18 § 8 kann sich der eine oder andere der Fah-

rer bei seinen Arbeiten am Fahrzeug von einem der Mechaniker aus der Box helfen lassen, es dürfen sich jedoch niemals mehr als zwei Personen (außer eventuell einer Aufsicht beim Tanken) vor den Boxen befinden, seien es die beiden Fahrer, sei es ein Fahrer und ein Mechaniker aus der Box oder seien es zwei Mechaniker, die von dem ihnen zugeteilten Kommissar kontrolliert werden.
Jeder Mechaniker, der sich auf der Fahrbahn aufhält, ist vom Reglement zum Tragen einer Armbinde verpflichtet.

§ 3: Keine Person darf, unter welchen Umständen auch immer, den Fahrern oder den Mechanikern der Box Hilfe leisten, wie gering diese auch sei, da das Fahrzeug sonst sofort angehalten und vom *Rennen ausgeschlossen* wird.

Vorschriften beim Tanken

§ 3: Die Kontrollplomben dürfen unter sonstiger Androhung des *Ausschlusses vom Rennen* nur in Gegenwart eines Aufsichtsorganes entfernt werden.

§ 15: Außerhalb der abgegrenzten Tankzone ist es allen Personen mit Ausnahme der Sport- und Streckenkommissare sowie der Aufsichtsorgane verboten, sich einem angehaltenen Fahrzeug auf weniger als 10 m zu nähern, da dieses Fahrzeug sonst vom *Rennen ausgeschlossen* wird. Die Kommissare achten ganz besonders darauf, daß sich nicht irgendjemand einem auf der Strecke stehen gebliebenen Fahrzeug nähert.

Vorschriften bei Reparaturen

Art. 52 § 1: Wenn ein Fahrer vor seiner Box anhält, um eine Reparatur durchzuführen, darf diese nur von maximal zwei Personen, den beiden Fahrern, einem Fahrer und einem Mechaniker, oder von zwei Mechanikern ausgeführt werden.

§ 2: Sämtliche Reparaturen müssen ausschließlich mit Ersatzteilen und Werkzeugen ausgeführt werden, welche entweder an Bord mitgeführt, oder in der Box gelagert wurden. Die Reparaturen dürfen nur bei stehendem Fahrzeug vorgenommen werden.

§ 3: Das Ersetzen von schadhaften Teilen durch Auswechseln kompletter mechanischer oder elektrischer Baueinheiten wie Motor (sei er auch punziert), Getriebe, Hinterachse, Starter, Lichtmaschine und Batterie ist verboten.
Das Aufladen der im Wagen montierten Batterie, mit welchen äußeren Mitteln auch immer, ist verboten (siehe Art. 8 § 2).

§ 4: Die Zylinderköpfe und Ersatzkolben müssen anläßlich ihrer Überprüfung punziert werden.

§ 5: Jedes Austauschen eines Ersatzteiles oder einer Einrichtung muß von dem für die Überwachung des Fahrzeuges zuständigen Boxenkommissar notiert werden.

§ 6: *Es ist dem Fahrer unter Androhung des Ausschlusses vom Rennen verboten, sich zu Fuß oder mit anderen Mitteln Ersatzteile oder Werkzeuge von der Box zu besorgen.*

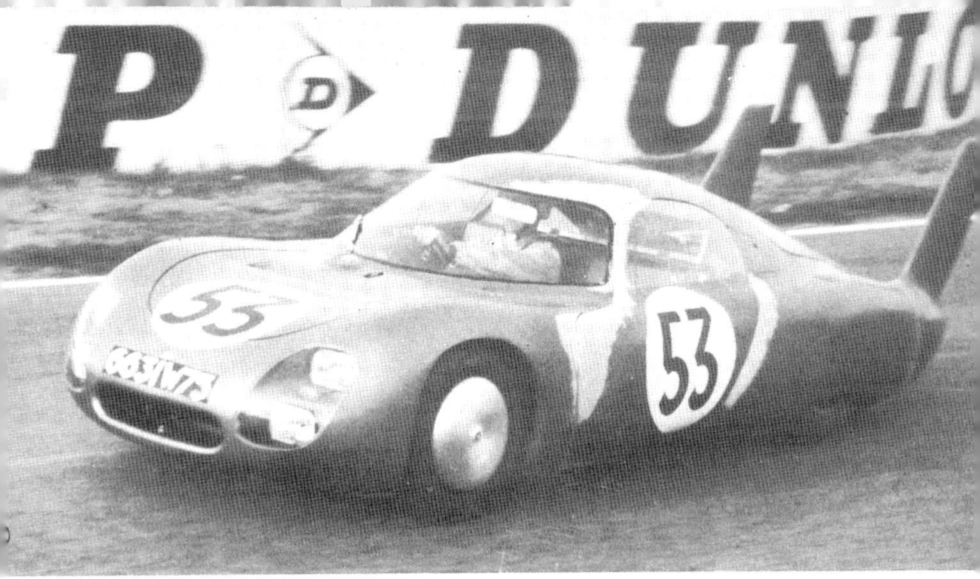

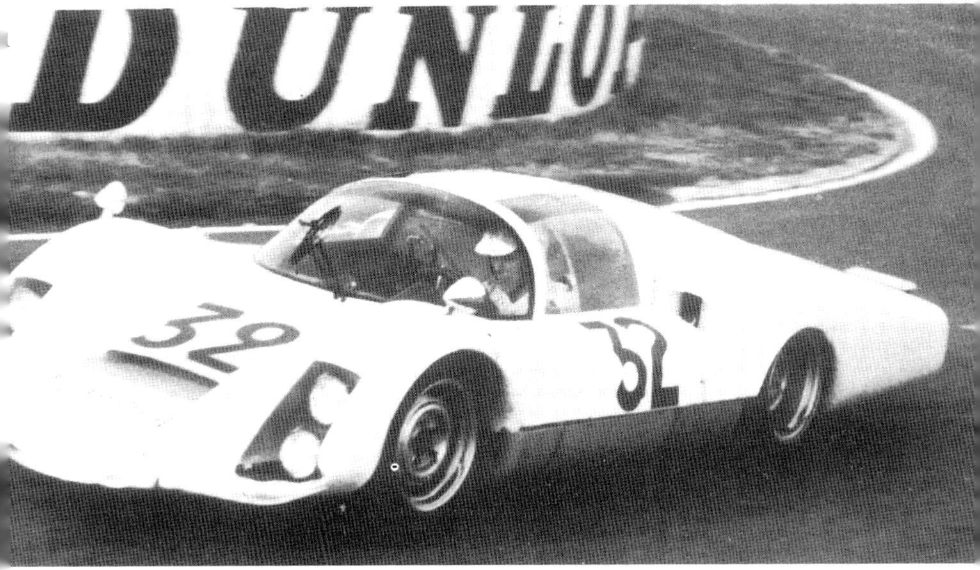

90) Der C.D. von 1966 mit einem Peugeot 204-Motor hatte zwar eine sorgfältig entwickelte Karosserieform, war aber sonst noch unfertig. Die großen Heckflossen sollen die Kursstabilität verbessern, die Abdeckungen der vorderen Räder die Luftwirbel verringern (Archiv).

91) Die langen Bug- und Heckpartien brachten 1966 beim Porsche Carrera-6 eine um 15 km/h höhere Spitzengeschwindigkeit. Hier durchfährt der Südafrikaner Peter Deklerk die Mulsanne-Kurve. Porsche brachte vier Zweiliterwagen hinter drei Ford ans Ziel und gewann die Indexwertung (Archiv).

PLAN DU CIRCUIT PERMANENT DE LA SARTHE

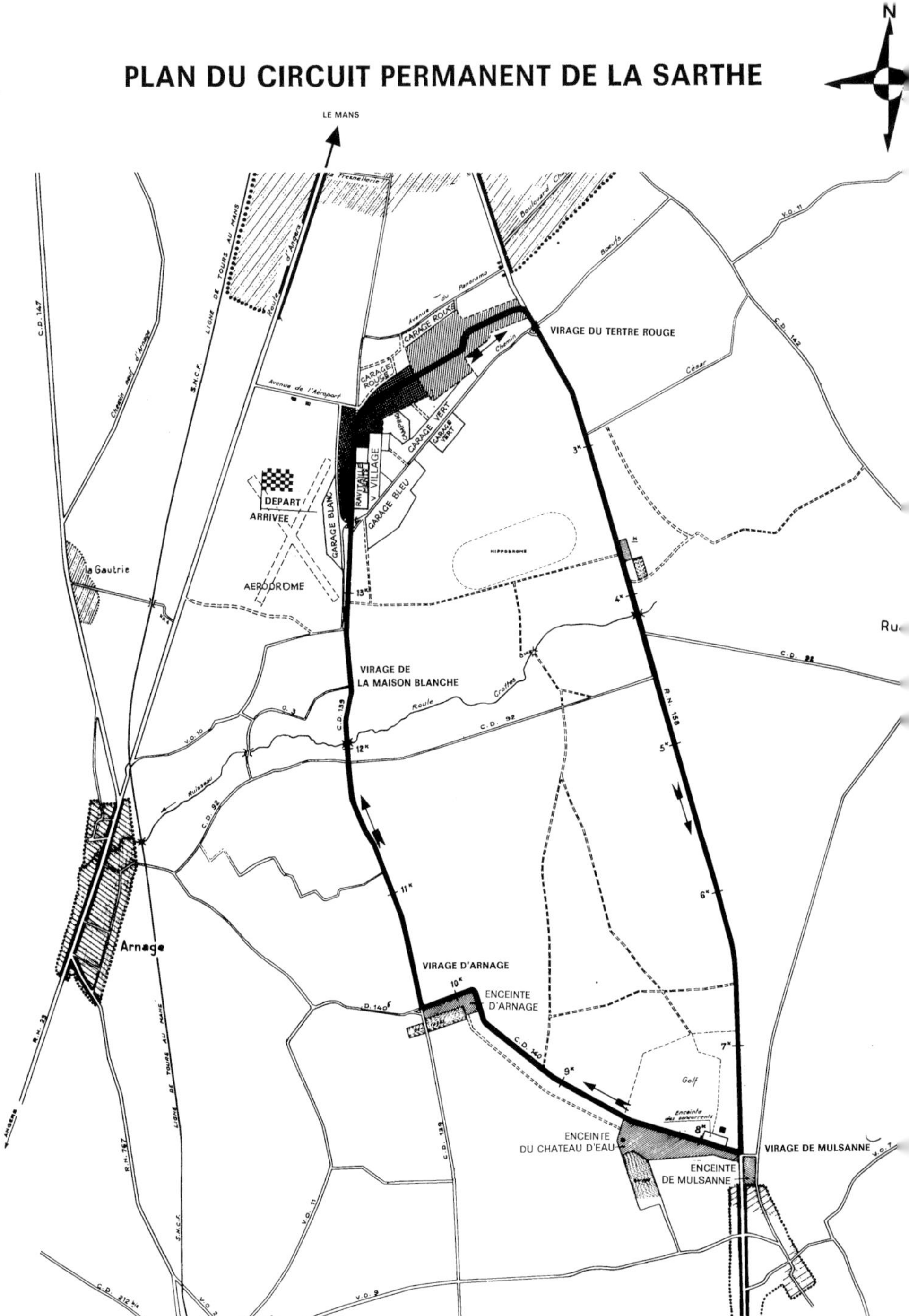

§ 7: Im Sinne der allgemeinen Sicherheit und entsprechend den Vorschriften der C.S.I. (Art. 215) und der Art. 5 und 47 des gegenwärtigen Reglements sind die Sportkommissäre verpflichtet, zu fordern, daß die wesentlichen Teile der Karosserie wie Motor- und Kofferraumdeckel, Türen, Kotschützer, Windschutzscheibe, Scheibenwischer, Rückspiegel, Reserverad und Auspuffanlage gegebenenfalls gewechselt werden oder sich bis zum Ende des Rennens in einem normal gebrauchsfähigen Zustand befinden.

AUFENTHALTE AUF DER STRECKE

Art. 53 § 1: Jeder Fahrer, dessen Fahrzeug an irgendeinem Punkt der Strecke stehenbleibt, hat die Verpflichtung, dieses so bald wie möglich an den Rand der Fahrbahn zu bringen, um den Ablauf des Wettbewerbs nicht zu behindern.

§ 2: Abgesehen von dieser Verpflichtung ist es den Fahrern formell untersagt, außer in der Brems- und Tankzone ihr Fahrzeug zu schieben.

§ 3: Jedes von seinem Fahrer, aus welchen Gründen auch immer, auf dem Kurs verlassene Fahrzeug wird vom *Rennen ausgeschlossen.*

FAHRZEUGBELEUCHTUNG

Art. 54 § 1: Zwischen Samstag, 18. Juni, 21 Uhr 30, und Sonntag, 19. Juni, 4 Uhr 30, haben die Fahrzeuge nach den Bestimmungen der Convention Internationale (Art. 36) von zwei gleichzeitig funktionierenden Scheinwerfern beleuchtet zu sein. Ein Doppelsignal in Grün und Blau über der Rennleitung gibt den Zeitpunkt des Ein- bzw. Ausschaltens der Scheinwerfer an.

§ 2: Fahrer, an deren Fahrzeugen die Beleuchtungsanlage (Scheinwerfer vorne und rote Deckleuchten hinten) nicht funktioniert, haben vorschriftsmäßig anzuhalten, um ihre Lichtanlage reparieren zu lassen. Falls die Anlage nicht repariert werden kann, müssen die Fahrzeuge bis 4 Uhr 30 früh stehenbleiben. Die Dauer des Stillstandes wird in die 24 Stunden eingerechnet.

§ 3: Durch Bremsbetätigung muß jederzeit zumindest ein rotes hinteres Licht eingeschaltet werden, welches sich von den beiden Decklichtern deutlich unterscheidet (Art. 36). Das Nichtfunktionieren dieser hinteren roten Lichter zieht automatisch das Anhalten der Fahrzeuge an deren Box bis zur Behebung des Defektes nach sich.

ÜBERPRÜFUNGEN ZUM SCHLUSS DES RENNENS

Art. 59 § 1: *Nachdem sie von der Zeitnahme kontrolliert wurden, fahren jene Teilnehmer, welche das Rennen beendet haben, ohne an ihren Boxen zu halten, in die Auslaufstrecke. Diese befindet sich vor und links von der Kurve, die zur »Dunlop«-Kurve führt. Sie durchfahren diese Auslaufstrecke und kommen über den Weg, der zwischen der Piste und den Absperrungen der Tribünen liegt, wieder zur Prüfstelle zurück. Diese Strecke muß mit laufendem Motor zurückgelegt werden.*

§ 2: Die Fahrzeuge stehen *sofort* den Sportkommissären zur Verfügung, die *sämtliche* nach Schluß des Rennens geforderte *Überprüfungen* vornehmen.

§ 3: Die Sportkommissäre und Renn-Direktoren füllen nach Ende der Veranstaltung die Tanks jener Teilnehmer, welche sich für eine Wertung im VIII. Coupe Annuelle nach dem Nutzleistungsindex qualifiziert haben.
Die Füllung wird sofort nach Ende des Rennens an einer vorbestimmten Stelle durchgeführt, sämtliche Plomben müssen intakt sein.

§ 4: Die Fahrzeuge müssen in einem *rennfähigen* Zustand sein, d. h., ihre Karosserie muß in demselben Zustand wie zur Zeit des Startes sein und Motor- und Kofferraumdeckel, Türen, Kotschützer, Auspuffanlage, Rückspiegel und Windschutzscheibe wirksam befestigt sein. Weiters müssen die Fahrzeuge über eine funktionierende Start- und Beleuchtungsanlage verfügen, um den für Automobilrennen von der Internationalen Konvention aufgestellten Forderungen zu genügen. Über diese verschiedenen Punkte entscheiden die Sport-Kommissare; es liegt jedoch auf jeden Fall fest, daß Glasschäden keinen Strafgrund darstellen.

§ 5: Jene Teilnehmer, deren Motor (im Hinblick auf eine Homologisierung der Resultate) nach dem Rennen auf seinen Zylinderinhalt hin geprüft werden muß, werden davon nach Schluß des Bewerbes von den Sportkommissaren verständigt.

§ 6: Der Motor der so bezeichneten Fahrzeuge muß dem für diese Überprüfung bestimmten Kommissar bis Sonntag, 19. Juni, 20 Uhr, demontiert vorgeführt werden. Bis zur Verzögerung über 30 Minuten wird eine Strafe von 100 NF festgesetzt, falls das Fahrzeug nicht vorgeführt wird, ein Ausschluß verhängt.

§ 7: Jedes Fahrzeug, das sich nicht in einem rennfähigen Zustand befindet, kann nicht klassifiziert werden. Dies gilt auch für jene Fahrzeuge, bei denen anläßlich der Überprüfung des Hubvolumens nicht die geforderte Konformität festgestellt werden konnte.

PREISVERTEILUNG

Dotierung

Art. 65: Die Gesamtheit der Bewerbe des XXXIV. Grand Prix d'Endurance et de Rendement ist mit zirka 300 000 NF dotiert, welche wie folgt aufgeteilt werden:

1. Classement pour le Championnat du Monde des Constructeurs des voitures de Sport (Gruppe IV).
Der Sieger der Klasse 1300 ccm bis 2000 ccm:
ein Pokal des *Rotary-Clubs von Le Mans.*
Dem Sieger der Klasse über 2000 ccm:
ein Pokal der *Union Syndicale des Hoteliers, Restaurateurs et Cafetiers du Mans et de la Sarthe.*

2. XXXIX. Coupe annuelle à la distance:
Gesamtwertung
a) dem Sieger . . . . 80 000 NF
sowie ein Ehrenpokal, gestiftet
vom *Conseil Générale de la Sarthe,*
sowie ein Pokal für jeden der beiden Fahrer.
Ferner ein Pokal, gestiftet von:
La Mutuelle Générale Francaise Accidents

dem Zweiten . . . . 30 000 NF
dem Dritten . . . . 10 000 NF
dem Vierten . . . . 5 000 NF
dem fünften bis zum letzten Teilnehmer . . . 3 000 NF

b) Für die beiden Mechaniker des Siegers
im XXIX. Coupe annuelle à la distance:
1000 NF × 2 . . . . 2000 NF
den beiden Mechanikern des Zweiten:
400 NF × 2 . . . . 800 NF
Die zwei für einen der oben angeführten Preise in Frage kommenden Mechaniker müssen vom Teilnehmer in seinem Nennungsformular bzw. später während der Überprüfungen bekannt gegeben werden.
Die den Mechanikern zugedachten Preise sind nicht addierbar, d. h. daß der für die Mechaniker des nach dem XXIX. Coupe annuelle à la distance siegreichen Fahrers nicht mit einem der für die Mechaniker der ersten drei Teilnehmer im VIII. Coupe annuelle à l'indice au rendement énergétique zusammengezogen werden kann.
Wenn dieser Fall eintreten sollte, wird der den Mechanikern des Erstplacierten im VII. Coupe annuelle zugedachte Preis den Mechanikern des Zweitplacierten übertragen.

3. *Coupe de l' A.C.O. (voitures de Grand Tourisme):*
dem Sieger . . . . 15000 NF
und ein Pokal *Gustave Singher*
dem Zweiten . . . . 8000 NF
und ein Pokal, gestiftet von *M. Haryau.*
Diese Preise können nicht mit denen der Gesamtwertung (XXIX. Coupe annuelle à la distance) zusammengelegt werden.

4. *VIII. Coupe annuelle à l' indice au rendement énergétique:*
dem Sieger . . . . 40000 NF

Pokal des *Préfet de la Sarthe*, sowie ein Pokal an jeden der beiden Piloten. Pokal des *Chateau du Lude, gestiftet von Le Blanc und de Nicolay*. Pokal von *l'Automobile Médicale de France »Rallye Esculape«*.

Den beiden Mechanikern des Siegers:

1000 NF × 2	2000 NF
dem Zweiten	20000 NF

und ein Pokal der
Action Automobile et Touristique.

Den beiden Mechanikern des Zweiten:

400 NF × 2	800 NF
dem Dritten	15000 NF

und ein Pokal *Moteurs*.

Den beiden Mechanikern des Dritten:

200 NF × 2	400 NF
dem Vierten	5000 NF
dem Fünften	4000 NF

5. *XX. Coupe annuelle à l'indice de performance:*

dem Ersten	20000 NF

und ein Pokal des *Président du Conseil Général de la Sarthe*, sowie ein Pokal für jeden der beiden Fahrer. Ein Pokal, gestiftet von *La Mutuelle du Mans Incendie*.

COUPE GEORGES DURAND

Der A.C.O. stellt der im Gesamtklassement des XXIX. Coupe annuelle à la distance (Gesamtwertung) bestplacierten Mannschaft einen Pokal zur Verfügung. Diese Mannschaft muß aus mindestens zwei Fahrzeugen derselben Marke bestehen, die beide vom selben Teilnehmer genannt werden müssen. Dieser Pokal wird durch die Sportkommissäre vergeben, die die beste Leistung der teilnehmenden Mannschaften beurteilen und in Rechnung stellen:

a) die erhaltenen Wertungen;

b) die erzielte Gesamtdistanz;

c) die erreichte Durchschnittsgeschwindigkeit;

d) und gegebenenfalls sämtliche anderen Bewertungsgrundlagen.

POKALE

1. *Challenge Trophés perpétuel*

The Motor.

Dieser Pokal wird von The Motor, London, jenem englischen Teilnehmer gestiftet, der mit einem englischen Auto startet, das Rennen beendet und die größte Distanz innerhalb von 24 Stunden erreicht.